해커스 공인중개사

단원별 기출문제집

2차 부동산세법

land.Hackers.com

해커스 공인중개사

공인중개사 1위 해커스
한경비즈니스 2024 한국브랜드만족지수 교육(온·오프라인 공인중개사 학원) 1위

시간이 없을수록, 기초가 부족할수록, 결국 강사력

강의만족도 96.4%
최정상급 스타교수진

[96.4%] 해커스 공인중개사 2023 수강생 온라인 설문결과(해당 항목 응답자 중 만족의견 표시 비율)

다른 학원에 비해 교수님들의 강의실력이 월등히 높다는 생각에 해커스에서 공부를 하게 되었습니다.
-해커스 합격생 김정헌 님-

해커스 교수님들의 강의력은 타 어떤 학원에 비해 정말 최고라고 단언할 수 있습니다.
-해커스 합격생 홍진한 님-

해커스 공인중개사 교수진이 정말 최고입니다. 그래서 합격했고요.
-해커스 합격생 한주석 님-

해커스의 가장 큰 장점은 최고의 교수진이 아닌가 생각합니다. 어디를 내놔도 최고의 막강한 교수진이라고 생각합니다.
-해커스 합격생 조용우 님-

잘 가르치는 정도가 아니라 어떤 교수님이라도 너무 열심히, 너무 열성적으로 가르쳐주시는데 대해서 정말 감사히 생각합니다.
-해커스 합격생 정용진 님-

해커스처럼 이렇게 열심히 의욕적으로 가르쳐주시는 교수님들 타학원에는 없다고 확신합니다.
-해커스 합격생 노준영 님-

해커스 공인중개사

공인중개사 **1위 해커스**
한경비즈니스 2024 한국브랜드만족지수 교육(온·오프라인 공인중개사 학원) 1위

무료가입만 해도
6가지 특별혜택 제공!

전과목 강의 0원

스타교수진 최신강의
100% 무료수강
* 7일간 제공

합격에 꼭 필요한 교재 무료배포

최종합격에 꼭 필요한
다양한 무료배포 이벤트
* 비매품

기출문제 해설특강

시험 전 반드시 봐야 할
기출문제 해설강의 무료

전국모의고사 서비스 제공

실전모의고사 9회분
+해설강의까지 제공

막판 점수 UP! 파이널 학습자료

시험 직전 핵심자료 &
반드시 풀어야 할 600제 무료
* 비매품   * 이벤트 신청 시

개정법령 업데이트 서비스

계속되는 법령 개정도
끝까지 책임지는 해커스!

공인중개사 1위 해커스
지금 무료가입하고 이 모든 혜택 받기

1588-2332　　　　　　　　　　　　　　　　　　　　　　land.Hackers.com

합격으로 이끄는 명쾌한 비법,
필수 기출문제와 풍부한 해설을 한 번에!

어떤 시험을 준비하는 수험생이라면 가장 중요한 텍스트는 실제 출제된 기출문제입니다. 기출문제들을 정확히 알아야 출제경향을 파악하고 학습계획을 세울 수 있게 됩니다.

공인중개사 시험에서는 기출되었던 내용이 동일하게 반복 출제되기도 하고, 기출 내용을 약간 변형하여 출제하기도 합니다. 그렇기 때문에 처음 공인중개사 시험을 준비하는 수험생에게는 최고의 길라잡이가 될 수 있으며, 기출문제의 중요성은 아무리 강조해도 지나치지 않습니다.

본 단원별 기출문제집은 이러한 점을 충분히 고려하여 최근에 출제된 문제를 철저하게 분석한 후 이에 대한 상세한 해설을 제시하였고, 관련 핵심내용을 정리하였습니다.

본 교재로 수험을 준비하는 분들의 합격을 위하여 다음에 주안점을 두고 집필하였습니다.

1. 최근 10개년 기출문제들 중에서 출제가능성이 높은 문제를 엄선하여 수록하였으며, 부동산세법은 기출된 이후에 개정이 되는 경우가 많기 때문에 이를 반영하여 최신 개정법령으로 수정하여 지문을 구성하였고 최신 개정내용을 수록하였습니다.

2. 편별 출제비중 및 장별 기출문제 수를 그래프로 제시하여 출제경향을 가시적으로 확인할 수 있도록 분석하고, 그에 대한 학습방향과 수험대책을 수립할 수 있도록 하였습니다.

3. 문제의 난이도를 상중하로 표시하여 난이도에 따른 대비를 할 수 있도록 하였습니다.

4. 톺아보기를 통해서 문제의 핵심을 파악하고, 관련 논점을 완벽히 정리할 수 있도록 하였습니다.

더불어 공인중개사 시험 전문 해커스 공인중개사(land.Hackers.com)에서 학원 강의나 인터넷 동영상강의를 함께 이용하여 꾸준히 수강한다면 학습효과를 극대화할 수 있을 것입니다.

수험생 여러분에게 본 교재가 합격의 믿음직한 동반자가 되리라 믿으며, 실전에서 아름다운 결실이 있으리라 믿습니다.

본 교재가 출간되기까지 격려와 도움을 주신 해커스 사장님과 편집팀 여러분께 진심으로 감사의 인사를 드립니다.

2025년 1월
강성규, 해커스 공인중개사시험 연구소

이 책의 차례

학습계획표   5
이 책의 특징   6
공인중개사 안내   8
공인중개사 시험안내   10
출제경향분석   12

제1편   조세총론

제1장   조세의 기초 이론   16
제2장   납세의무의 성립·확정·소멸   20
제3장   조세와 다른 채권의 관계   28
제4장   조세의 불복제도 및 서류의 송달   32

제2편   지방세

제1장   취득세   38
제2장   등록면허세   64
제3장   재산세   74
제4장   기타 지방세   96

제3편   국세

제1장   종합부동산세   100
제2장   소득세 총설   113
제3장   양도소득세   119

부록
빈출지문 노트   170

학습계획표

학습계획표 이용방법

이 책의 특징에 수록된 '학습계획표 이용방법'을 참고하여 자유롭게 학습계획표를 선택하실 수 있습니다.

학습계획표

* 이하 편·장 이외의 숫자는 본문 내의 문제번호입니다.

구분	월	화	수	목	금	토	일
부동산세법	1편	2편 1장 01~16	2편 1장 17~3장 04	2편 3장 05~4장	3편 1~2장	3편 3장 01~20	3편 3장 21~41

자기주도 학습계획표

구분	학습 범위	학습 기간
1		
2		
3		
4		
5		
6		
7		
8		
9		
10		

이 책의 특징

교재 미리보기

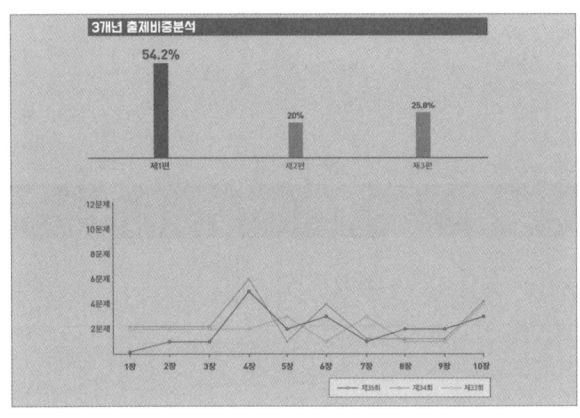

출제비중분석

최근 3개년의 편별 출제비중 및 장별 기출문제 수를 그래프로 제시하여 본격적으로 문제풀이를 시작하기 전에 해당 편·장의 중요도를 한 눈에 확인할 수 있도록 구성하였습니다.

필수 기출문제

- 10개년 기출문제 중 출제가능성이 높은 문제를 엄선하여 수록하였고, 수험생들의 학습 편의성을 고려하여 문제에 최신 개정법령을 반영하였습니다.
- 본인의 학습 수준에 맞는 문제를 선택하여 풀어볼 수 있도록 문제별로 난이도를 표시하였고, 반복학습이 중요한 기출문제의 특성을 고려하여 회독표시를 할 수 있도록 구성하였습니다.

풍부한 톺아보기

- 톺아보기란 '샅샅이 더듬어 뒤지면서 찾아보다'라는 순 우리말로 단순히 정답과 해설만 제시하는 것이 아닌, 기출문제를 깊이 있게 이해할 수 있도록 학습에 도움이 되는 자세하고 풍부한 해설을 제공하고자 하였습니다.
- 톺아보기 코너 중 '더 알아보기'에서 관련 판례, 비교 표 등 다양한 요소로 학습 이해도를 높일 수 있도록 구성하였고, 주요 지문에 ★표시를 하여 전략적으로 시험에 대비할 수 있도록 하였습니다.

교재 활용비법

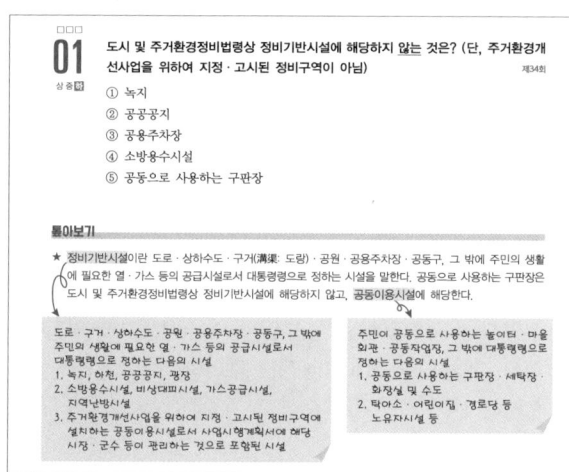

합격으로 이끄는 나만의 맞춤 교재 만들기

한 걸음
난이도 하 ~ 중의 문제를 중심으로 풀이하고 톺아보기를 확인하는 과정을 통하여 자신의 실력이 어느 정도인지를 파악합니다.

두 걸음
실력을 보강하기 위하여 추가 학습할 부분은 기본서에서 꼼꼼히 확인하고 필요한 내용을 메모하여 학습의 기반을 다집니다.

세 걸음
난이도 상의 문제를 풀어보는 것을 통하여 향상된 실력을 확인하고, 문제풀이를 반복적으로 진행하여 실전에 대비합니다.

학습계획 이용방법

* p.5에서 학습계획표를 확인할 수 있습니다.

수험생의 성향에 따라 학습계획을 선택할 수 있습니다.

학습계획표

한 과목을 1주에 걸쳐 1회독 할 수 있는 학습계획표로, 한 과목씩 집중적으로 공부하고 싶은 수험생에게 추천합니다.

자기주도 학습계획표

자율적으로 일정을 설정할 수 있는 학습계획표로 자신의 학습속도에 맞추어 진도를 설정하고 싶은 수험생에게 추천합니다.

[작성예시표]

구분	학습 범위	학습 기간
1	1편 1장	1월 1일~1월 3일 / 3월 1일~3월 2일
2	1편 1장~2장	1월 4일~1월 6일 / 4월 5일~4월 6일

공인중개사 안내

공인중개사란?

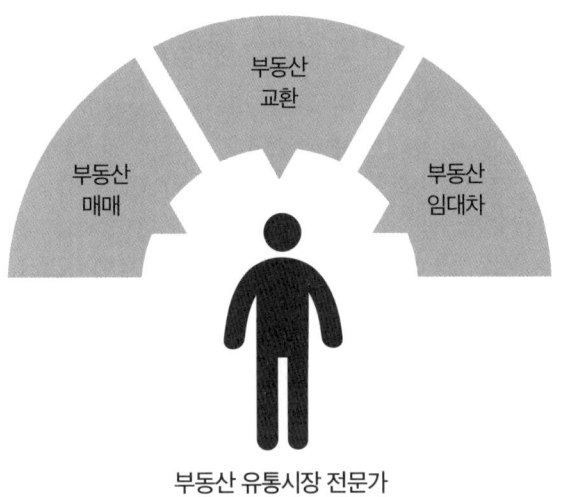

부동산 유통시장 전문가

- 일정한 수수료를 받고 토지나 주택 등 중개대상물에 대하여 거래당사자간의 매매, 교환, 임대차 그 밖의 권리의 득실·변경에 관한 행위를 알선·중개하는 업무입니다.

- 공토지나 건축물의 부동산중개업 외에도 부동산의 관리·분양 대행, 경·공매대상물의 입찰·매수신청 대리, 부동산의 이용·개발 및 거래에 대한 상담 등 다양한 업무를 수행할 수 있습니다.

공인중개사의 업무

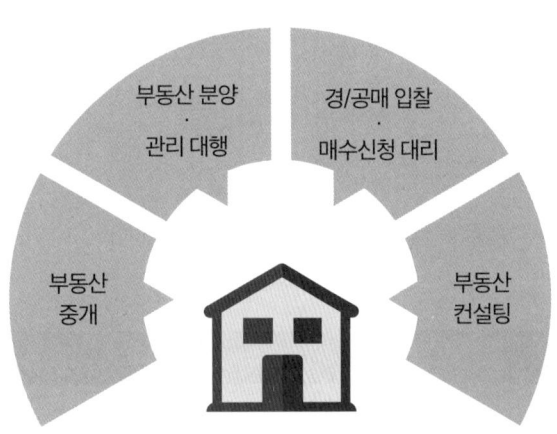

공인중개사 업무

- 공인중개사는 「공인중개사법」에 따라 공인중개사 자격을 취득한 자로, 타인의 의뢰에 의하여 일정한 수수료를 받고 토지나 건물 등에 관한 매매·교환·임대차 등의 중개를 전문으로 할 수 있는 법적 자격을 갖춘 사람을 의미합니다.

- 공인중개사는 부동산유통시장에서 원활한 부동산거래가 이루어지도록 서비스를 제공하는 전문직업인으로서 그 역할과 책무가 어느 때보다도 중요시되고 있습니다.

공인중개사의 진로

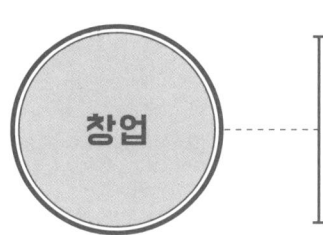

공인중개사 시험에 합격하면 소정의 교육을 거쳐 중개법인, 개인 및 합동 공인중개사 사무소, 투자신탁회사 등을 설립하여 중개 업무에 종사할 수 있다는 점이 공인중개사의 가장 큰 매력입니다. 특히 중개사무소의 경우 소규모의 자본으로도 창업이 가능하므로 다양한 연령대의 수험생들이 공인중개사 시험을 준비하고 있습니다.

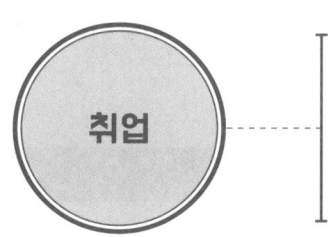

공인중개사는 중개법인, 중개사무소 및 부동산 관련 회사에 취업이 가능합니다. 또한 일반 기업의 부동산팀 및 관재팀, 은행 등의 부동산 금융분야, 정부재투자기관에도 취업이 가능하며, 여러 기업에서 공인중개사 자격증을 취득한 사원에게 승급 우대 또는 자격증 수당 등의 혜택을 제공하고 있습니다.

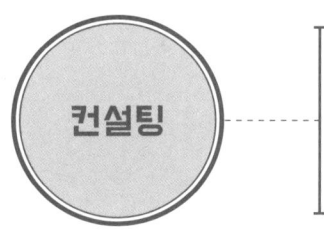

종래의 부동산 중개사무소 개업 외에 부동산의 입지환경과 특성을 조사·분석하여 부동산의 이용을 최대화할 수 있는 방안을 연구하고 자문하는 부동산 컨설팅업이 최근 들어 부각되고 있어 단순 중개업무 이외에 법률·금융의 전문적 지식을 요하는 전문가로서의 역할을 기대할 수 있습니다.

한국토지주택공사, 한국자산관리공사 등 공기업에서는 채용 시 공인중개사 자격증 소지자에게 2~3%의 가산점을 부여하고 있으며, 경찰공무원 시험에서도 가산점 2점을 주고 있습니다.

공인중개사 시험안내

응시자격

학력, 나이, 내·외국인을 불문하고 제한이 없습니다.

* 단, 법에 의한 응시자격 결격사유에 해당하는 자는 제외합니다(www.Q-Net.or.kr/site/junggae에서 확인 가능).

원서접수방법

- 국가자격시험 공인중개사 홈페이지(www.Q-Net.or.kr/site/junggae) 및 모바일큐넷(APP)에 접속하여 소정의 절차를 거쳐 원서를 접수합니다.
    * 5일간 정기 원서접수 시행, 2일간 빈자리 추가접수 도입(정기 원서접수 기간 종료 후 환불자 범위 내에서만 선착순으로 빈자리 추가접수를 실시하므로 조기 마감될 수 있음)
- 원서접수 시 최근 6개월 이내 촬영한 여권용 사진(3.5cm×4.5cm)을 JPG파일로 첨부합니다.
- 제35회 시험 기준 응시수수료는 1차 13,700원, 2차 14,300원, 1·2차 동시 응시의 경우 28,000원입니다.

시험과목

차수	시험과목	시험범위
1차 (2과목)	부동산학개론	• 부동산학개론: 부동산학 총론, 부동산학 각론 • 부동산감정평가론
	민법 및 민사특별법 중 부동산 중개에 관련되는 규정	• 민법: 총칙 중 법률행위, 질권을 제외한 물권법, 계약법 중 총칙·매매·교환·임대차 • 민사특별법: 주택임대차보호법, 상가건물 임대차보호법, 집합건물의 소유 및 관리에 관한 법률, 가등기담보 등에 관한 법률, 부동산 실권리자명의 등기에 관한 법률
2차 (3과목)	공인중개사의 업무 및 부동산 거래신고에 관한 법령 및 중개실무	• 공인중개사법 • 부동산 거래신고 등에 관한 법률 • 중개실무(부동산거래 전자계약 포함)
	부동산공법 중 부동산 중개에 관련되는 규정	• 국토의 계획 및 이용에 관한 법률 • 도시개발법 • 도시 및 주거환경정비법 • 주택법 • 건축법 • 농지법
	부동산공시에 관한 법령 및 부동산 관련 세법*	• 부동산등기법 • 공간정보의 구축 및 관리 등에 관한 법률(제2장 제4절 및 제3장) • 부동산 관련 세법(상속세, 증여세, 법인세, 부가가치세 제외)

* 부동산공시에 관한 법령 및 부동산 관련 세법 과목은 내용의 구성 편의상 '부동산공시법령'과 '부동산세법'으로 분리하였습니다.
* 답안은 시험시행일 현재 시행되고 있는 법령 등을 기준으로 작성합니다.

시험시간

구분		시험과목 수	입실시간	시험시간
1차 시험		2과목 (과목당 40문제)	09:00까지	09:30~11:10(100분)
2차 시험	1교시	2과목 (과목당 40문제)	12:30까지	13:00~14:40(100분)
	2교시	1과목 (과목당 40문제)	15:10까지	15:30~16:20(50분)

* 위 시험시간은 일반응시자 기준이며, 장애인 등 장애 유형에 따라 편의제공 및 시험시간 연장이 가능합니다(장애 유형별 편의제공 및 시험시간 연장 등 세부내용은 국가자격시험 공인중개사 홈페이지 공지사항 참고).

시험방법

- 1년에 1회 시험을 치르며, 1차 시험과 2차 시험을 같은 날에 구분하여 시행합니다.
- 모두 객관식 5지 선택형으로 출제됩니다.
- 답안은 OCR 카드에 작성하며, 전산자동 채점방식으로 채점합니다.

합격자 결정방법

- 1·2차 시험 공통으로 매 과목 100점 만점으로 하여 매 과목 40점 이상, 전 과목 평균 60점 이상 득점자를 합격자로 합니다.
- 1차 시험에 불합격한 사람의 2차 시험은 무효로 합니다.
- 1차 시험 합격자는 다음 회의 시험에 한하여 1차 시험을 면제합니다.

최종 정답 및 합격자 발표

- 최종 정답 발표는 인터넷(www.Q-Net.or.kr/site/junggae)을 통하여 확인 가능합니다.
- 최종 합격자 발표는 시험을 치른 1달 후에 인터넷(www.Q-Net.or.kr/site/junggae)을 통하여 확인 가능합니다.

출제경향분석

제35회 시험 총평

① 제34회 시험에 이어서 제35회 시험도 비슷한 출제형태를 보였기에 수험생들이 체감하는 난이도는 역시 어렵게 느껴졌을 시험이었습니다. 작년과 마찬가지로 국세의 출제비중이 지방세보다 많았습니다.

② 조세총론 문제는 제34회 시험과 마찬가지로 기출된 바 없는 법령을 묻는 지문이 출제되었습니다.

③ 계산문제는 1문제(양도소득과세표준을 구하는 문제)가 출제되었으나 여러 논점을 알고 있어야 풀 수 있는 시간 내에 풀기에 어려움이 있는 문제로 출제되었습니다.

④ 박스형 문제는 2문제 출제되었고, 사례형 문제는 1문제 출제되었습니다. 옳은 것을 고르는 긍정형 문제가 예년보다 많게 10문제 출제되었으며, 종합문제의 출제비중이 높았습니다.

10개년 출제경향분석

구분		제26회	제27회	제28회	제29회	제30회	제31회	제32회	제33회	제34회	제35회	계	비율(%)
조세총론	조세의 기초 이론	1				1	1					3	1.9
	납세의무의 성립·확정·소멸		1	1	1			1		2	1	7	4.4
	조세와 다른 채권의 관계	1			1	1					1	4	2.5
	조세의 불복제도 및 서류의 송달						1		2			3	1.9
	소계	2	1	1	2	3	1	1	2	2	2	17	10.7
지방세	취득세	3	3	3	3	3	1	3	2	2	3	26	16.3
	등록면허세	1	1	2	2	1	3	1	1	2		14	8.7
	재산세	3	3	3	3	3	3	2	2	2	3	27	16.8
	기타 지방세		1				1					2	1.3
	소계	7	8	8	8	7	8	6	5	6	6	69	43.1
국세	종합부동산세	1	1	1	1	1	1	3	2	2	2	15	9.4
	소득세 총설			1			1		2	1	1	6	3.8
	양도소득세	6	6	5	5	5	7	6	5	5	5	53	33
	소계	7	7	7	6	6	7	9	9	8	8	74	46.2
총계		16	16	16	16	16	16	16	16	16	16	160	100

10개년 평균 편별 출제비중 *총 문제 수: 16문제

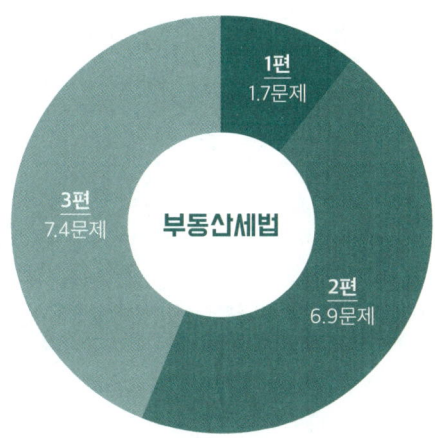

- 1편 1.7문제
- 2편 6.9문제
- 3편 7.4문제

부동산세법

제36회 수험대책

1편	• 조세총론은 「지방세기본법」 및 「지방세징수법」, 「국세기본법」 및 「국세징수법」을 중심으로 세법의 전반적이고 일반적인 사항을 다루는 부분으로 매년 1~2문제씩 출제되고 있습니다. 제35회 시험에서는 2문제(납세의무 소멸의 징수권 소멸시효, 조세와 타 채권과의 관계)가 출제되었습니다. • 조세의 분류, 부동산활동별 분류, 납세의무 성립·확정·소멸과 징수방법, 가산세, 조세의 불복제도 등을 중심으로 집중적으로 공부하여야 합니다.
2편	• 지방세는 취득세와 재산세의 출제비중이 높고, 최근 6문제 내외로 출제되고 있습니다. 제34회 시험에서는 6문제(취득세 2문제, 등록면허세 2문제, 재산세 2문제)가 출제되었고, 제35회 시험에서도 6문제(취득세 3문제, 등록면허세 출제 없음, 재산세 3문제)가 출제되었습니다. 제36회 시험에서는 등록면허세 부분도 출제가 예상되므로 대비해야 합니다. 제36회 시험에 대비하기 위해서는 각 세목간의 비교 정리가 필요하며 박스형 문제와 사례형 종합문제에 대비가 필요합니다. • 취득세는 전반에 걸쳐 집중적인 학습과 함께 법령의 내용을 이해하여 납세의무자, 과세표준, 세율, 납세절차, 비과세 등을 중심으로 철저히 대비하여야 하며, 특히, 2024년과 2025년 개정내용 등을 정확하게 숙지하여야 합니다. 지방세 중에서 대표적인 재산보유세인 재산세는 국세 중 같은 재산보유세인 종합부동산세와 비교학습하여야 합니다. 특히, 토지유형구분, 납세의무자, 과세표준과 세율, 부과·징수, 비과세 부분에 집중적인 준비가 필요합니다. 등록면허세는 등록에 대한 등록면허세에서 1~2문제 정도 출제되며, 지방소득세 등의 기타 지방세의 경우 독립문제로의 출제 가능성은 낮으므로 대략적인 내용과 특징을 가볍게 준비하면 됩니다.
3편	• 국세에서는 매년 종합부동산세에서 2문제, 소득세에서 6문제 내외로 출제되고 있습니다. 제35회 시험은 양도소득세에서 5문제와 부동산임대사업소득에서 1문제가 출제되었고, 종합부동산세에서 2문제가 출제되어 총 8문제가 출제되었습니다. • 종합부동산세는 국세 중 재산보유세로서 재산세와 비교학습하는 것이 중요하고, 특히 과세대상, 납세의무자, 과세표준, 부과·징수 부분을 중심으로 법령의 내용을 이해하고 있어야 합니다. 소득세 총설에서는 독립문제보다는 종합문제가 가끔씩 출제되지만, 부동산 관련 종합소득세에서는 부동산임대 관련 사업소득에 대한 문제도 최근 계속 출제되므로 이에 대한 대비가 필요합니다. 양도소득세는 계산과정을 묻는 문제가 자주 출제되므로 계산과정에 대해 꼼꼼하게 숙지하여야 합니다. 양도의 개념과 과세대상, 양도 및 취득시기, 양도차익 계산, 장기보유특별공제와 양도소득기본공제, 세율, 납세절차, 비과세 등을 전반적으로 이해하는 방향으로 학습하여야 합니다. 아울러 종합부동산세와 양도소득세에서 2025년 시행되는 개정세법 내용도 숙지하여야 합니다.

land.Hackers.com
해커스 공인중개사 단원별 기출문제집

3개년 출제비중분석

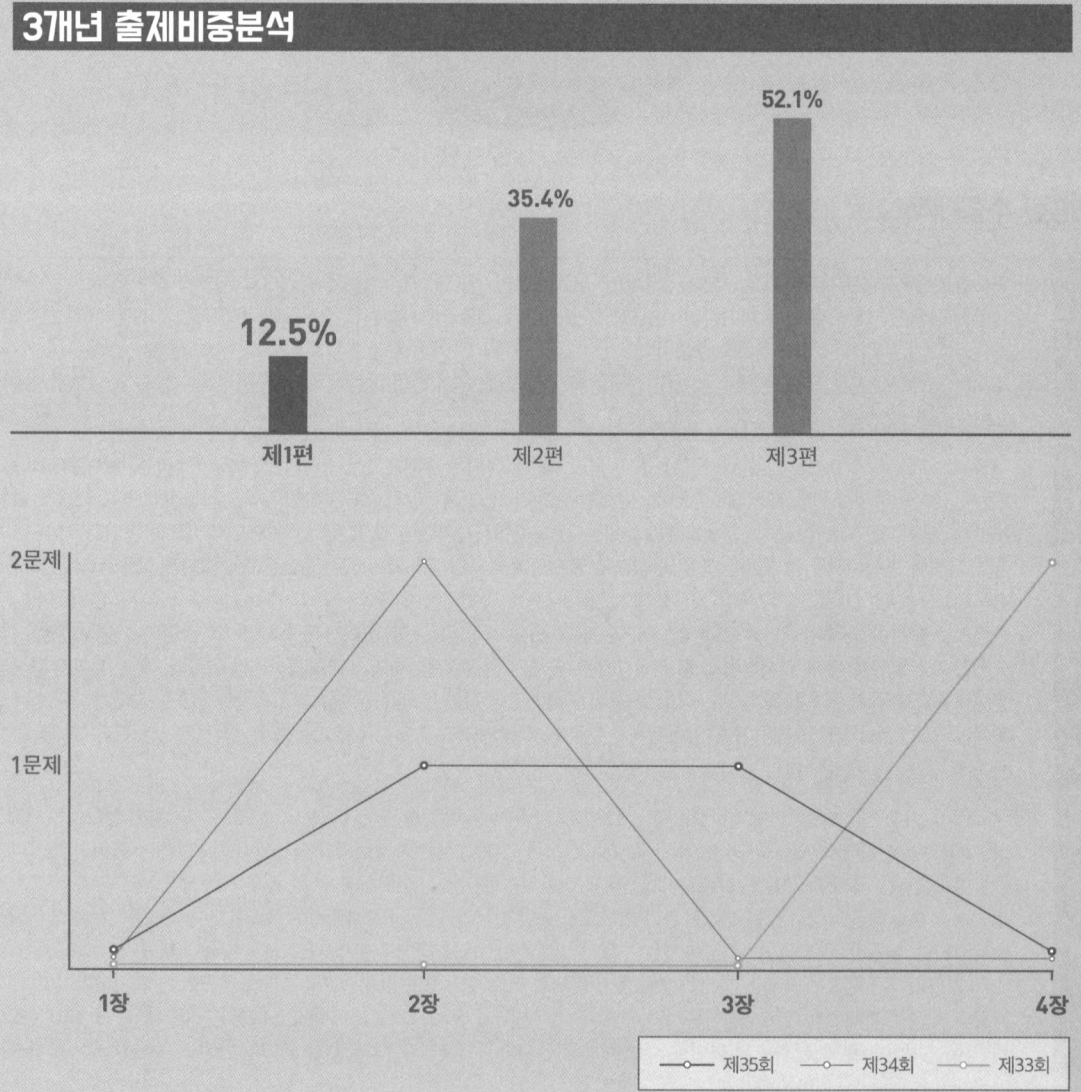

- 12.5% 제1편
- 35.4% 제2편
- 52.1% 제3편

제35회 ─●─ 제34회 ─○─ 제33회 ─○─

제1편

조세총론

제1장 조세의 기초 이론
제2장 납세의무의 성립·확정·소멸
제3장 조세와 다른 채권의 관계
제4장 조세의 불복제도 및 서류의 송달

제1장 / 조세의 기초 이론

기본서 p.18~46

01
상 중 **하**

「지방세기본법」상 특별시세 세목이 <u>아닌</u> 것은? 제26회

① 주민세
② 취득세
③ 지방소비세
④ 지방교육세
⑤ 등록면허세

톺아보기

등록면허세는 구·도세이다.

더 알아보기

과세권자에 따른 부동산 관련 지방세의 분류

특별자치도·특별자치시*	특별시·광역시·도	취득세, 지역자원시설세, 지방교육세, 지방소비세 등
	구·도	등록면허세
	시·군·구	재산세 등
	특별시·광역시·시·군	지방소득세, 주민세 등

* 특별자치도·특별자치시는 지방세 11개의 과세주체이다.

02 국내 소재 부동산의 보유단계에서 부담할 수 있는 세목은 모두 몇 개인가? 제30회 수정

| • 농어촌특별세 | • 지방교육세 |
| • 개인지방소득세 | • 건축물에 대한 지역자원시설세 |

① 0개　　　　② 1개　　　　③ 2개
④ 3개　　　　⑤ 4개

톺아보기

보기의 4개 모두 보유단계에서 부담할 수 있는 세목이다.
- 농어촌특별세: 부동산취득·보유·양도 모든 단계에서 부담할 수 있다.
- 지방교육세: 부동산취득·보유단계에서만 부담할 수 있다.
- 개인지방소득세: 부동산보유·양도단계에서만 부담할 수 있다.
- 건축물(소방분)에 대한 지역자원시설세: 부동산보유단계에서만 부담할 수 있다.

더 알아보기

부동산활동에 따른 조세의 분류

분류	부동산취득시 조세	부동산보유·이용시 조세	부동산양도시 조세
지방세	• 취득세 • 등록면허세 • 지방교육세 • 지방소비세	• 재산세 • 지방교육세 • (소방분) 지역자원시설세 • 지방소득세 • 지방소비세	• 지방소득세 • 지방소비세
국세	• 상속세, 증여세 • 농어촌특별세 • 부가가치세 • 인지세	• 종합부동산세 • 법인세(부동산임대업) • 종합소득세(부동산임대업) • 농어촌특별세 • 부가가치세(부동산임대업)	• 양도소득세 • 법인세 • 종합소득세(부동산매매업·건설업) • 농어촌특별세 • 부가가치세 • 인지세

부동산취득·보유·양도에 관련된 조세	농어촌특별세, 부가가치세, 지방소비세
부동산취득·보유시에만 관련된 조세	지방교육세
부동산보유·양도시에만 관련된 조세	지방소득세, 종합소득세
부동산취득·양도시에만 관련된 조세	인지세(보유시에도 부과된다는 견해 있음)

정답 | 01 ⑤　02 ⑤

03 조세의 납부방법으로 물납과 분할납부가 둘 다 가능한 것을 모두 고른 것은? (단, 물납과 분할납부의 법정 요건은 전부 충족한 것으로 가정함)

제25회 수정

상 중 **하**

㉠ 부동산임대업에서 발생한 사업소득에 대한 종합소득세
㉡ 종합부동산세
㉢ 취득세
㉣ 재산세 도시지역분
㉤ 소방분(건축물 및 선박) 지역자원시설세

① ㉣
② ㉠, ㉡
③ ㉠, ㉢
④ ㉡, ㉢
⑤ ㉣, ㉤

톺아보기

지방세 중에서 물납과 분할납부가 모두 허용되는 세목은 재산세이며, 국세에서는 상속세가 물납과 분할납부가 모두 허용된다.

더 알아보기

물납	지방세	재산세
	국세	상속세
분할납부	지방세	재산세, 소방분 지역자원시설세(재산세 납세고지서에 병기하여 고지되는 경우), 지방교육세(재산세 부가세), (종합소득에 대한)개인지방소득세
	국세	종합부동산세, 양도소득세, 법인세, 상속세, 증여세, 농어촌특별세 등

04 「지방세기본법」 및 「지방세법」상 용어의 정의에 관한 설명으로 틀린 것은?

제31회 수정

① "보통징수"란 지방세를 징수할 때 편의상 징수할 여건이 좋은 자로 하여금 징수하게 하고 그 징수한 세금을 납부하게 하는 것을 말한다.
② 취득세에서 사용하는 용어 중 "부동산"이란 토지 및 건축물을 말한다.
③ "세무공무원"이란 지방자치단체의 장 또는 지방세의 부과·징수 등에 관한 사무를 위임받은 공무원을 말한다.
④ "납세자"란 납세의무자(연대납세의무자와 제2차 납세의무자 및 보증인 포함)와 특별징수의무자를 말한다.
⑤ "지방자치단체의 징수금"이란 지방세 및 체납처분비를 말한다.

톺아보기

- '특별징수'란 지방세를 징수할 때 편의상 징수할 여건이 좋은 자로 하여금 징수하게 하고 그 징수한 세금을 납부하게 하는 것을 말한다.
- '보통징수'란 세무공무원이 납세고지서를 납세자에게 발급하여 지방세를 징수하는 것을 말한다.

정답 | 03 ① 04 ①

제2장 / 납세의무의 성립·확정·소멸

기본서 p.48~67

01
상중하

「지방세기본법」상 가산세에 관한 내용으로 옳은 것은?   제27회 수정

① 무신고가산세(사기나 그 밖의 부정한 행위로 인하지 않은 경우): 무신고납부세액의 100분의 20에 상당하는 금액
② 무신고가산세(사기나 그 밖의 부정한 행위로 인한 경우): 무신고납부세액의 100분의 50에 상당하는 금액
③ 과소신고가산세(사기나 그 밖의 부정한 행위로 인하지 않은 경우): 과소신고납부세액의 100분의 20에 상당하는 금액
④ 과소신고가산세(사기나 그 밖의 부정한 행위로 인한 경우): 부정과소신고분 세액의 100분의 50에 상당하는 금액
⑤ (납세고지 전)납부지연가산세: 납부하지 아니한 세액의 100분의 20에 상당하는 금액

톺아보기

[오답해설]
② 무신고납부세액의 100분의 40에 상당하는 금액
③ 과소신고납부세액의 100분의 10에 상당하는 금액
④ 부정과소신고분 세액의 100분의 40에 상당하는 금액
⑤ (납세고지 전)납부지연가산세: 납부하지 아니한 세액의 100,000분의 22에 상당하는 금액

더 알아보기

세목별 가산세 비교

취득세	1. 일반가산세 　㉠ 신고불성실가산세 　　ⓐ 무신고 　　　• 일반무신고: 무신고납부세액의 20% 　　　• 부정무신고: 무신고납부세액의 40% 　　ⓑ 과소신고 　　　• 일반과소신고: 과소신고납부세액의 10% 　　　• 부정과소신고: 40% + (과소신고분세액 − 부정과소신고분) × 10% 　㉡ (납세고지 전) 납부지연가산세(최대 75% 한도): 미납부세액 또는 과소납부분 세액 　　× 납부기한의 다음 날부터 자진납부일 또는 납세고지일까지의 기간 × 0.022% 2. 중가산세: 산출세액 × 80%
등록에 대한 등록면허세	1. 일반가산세는 취득세 일반가산세와 동일하다. 2. 중가산세는 부과하지 않는다. 3. 특허권 등에 대해서는 특별징수로 징수되는 경우가 있다. 단, 특별징수의무자에게 가산세 적용×
재산세	(납세고지 후)납부지연가산세: 3% + 납기 후 매 1개월 경과시마다 0.66%(60개월까지)
지방교육세	1. 무신고와 과소신고가산세는 부과하지 않는다. 2. (납세고지 전)납부지연가산세: 1일 0.022%
지역자원 시설세	1. 특정자원분 및 특정시설분은 취득세 일반가산세와 동일하게 적용한다. 2. 소방분은 재산세와 동일하게 적용한다.
종합부동산세	원칙적으로「국세기본법」상의 (납부고지 후) 납부지연가산세(3% + 1일 0.022%)를 적용한다. 예외적으로 신고납부를 선택하는 경우 무신고가산세는 적용되지 않지만, 과소신고가산세는 적용한다.
양도소득세	1. 예정신고납부의무 불이행의 경우 　㉠ 신고불성실가산세 　　ⓐ 부당무신고·부당과소신고: 40% 　　ⓑ 단순무신고: 무신고납부세액의 20% 　　ⓒ 과소신고: 과소신고납부세액의 10% 　㉡ (납세고지 전)납부지연가산세: 1일 0.022% 2. 확정신고납부의무 불이행의 경우 　㉠ 확정신고납부의 가산세는 예정신고납부에 적용되는 가산세와 동일하다. 　㉡ 다만, 무신고가산세와 과소신고가산세·초과환급신고가산세의 경우 예정신고납부와 관련하여 가산세가 부과되는 경우에는 확정신고납부와 관련한 가산세(예정신고납부와 관련하여 가산세가 부과되는 부분에 한정)를 부과하지 아니한다.

정답 | 01 ①

02 국세 및 지방세의 납세의무 성립시기에 관한 내용으로 옳은 것은? (단, 특별징수 및 수시부과와 무관함)
　　　　　　　　　　　　　　　　　　　　　　　　　　　　　　　　　제29회 수정

① 사업소분 주민세: 매년 7월 1일
② 거주자의 양도소득에 대한 지방소득세: 매년 3월 31일
③ 재산세에 부가되는 지방교육세: 매년 8월 1일
④ 중간예납하는 소득세: 매년 12월 31일
⑤ 자동차 소유에 대한 자동차세: 납기가 있는 달의 10일

톺아보기

① 사업소분 주민세의 납세의무 성립시기는 매년 7월 1일이다.

[오답해설]
② 거주자의 양도소득에 대한 지방소득세: 소득세 납세의무가 성립하는 때(12월 31일)
③ 재산세에 부가되는 지방교육세: 매년 6월 1일
④ 중간예납하는 소득세: 중간예납기간이 끝나는 때
⑤ 자동차 소유에 대한 자동차세: 납기가 있는 달의 1일

03 「지방세기본법」상 지방자치단체의 징수금을 납부할 의무가 소멸되는 것은 모두 몇 개인가?

제28회

㉠ 납부·충당되었을 때
㉡ 지방세징수권의 소멸시효가 완성되었을 때
㉢ 법인이 합병한 때
㉣ 지방세 부과의 제척기간이 만료되었을 때
㉤ 납세의무자의 사망으로 상속이 개시된 때

① 1개 ② 2개 ③ 3개 ④ 4개 ⑤ 5개

톺아보기

보기 중 「지방세기본법」상 지방자치단체의 징수금을 납부할 의무가 소멸되는 것은 ㉠㉡㉣ 3개이다.

★ 납세의무는 납부·충당되었을 때, 부과권이 취소되었을 때, 지방세징수권의 소멸시효가 완성되었을 때, 지방세 부과의 제척기간이 만료되었을 때 소멸한다. 다만, 납세의무자의 사망, 법인의 합병, 부과의 철회 등은 납세의무 소멸사유가 아니다.

정답 | 02 ① 03 ③

04 상중하

거주자인 개인 甲이 乙로부터 부동산을 취득하여 보유하고 있다가 丙에게 양도하였다. 甲의 부동산 관련 조세의 납세의무에 관한 설명으로 **틀린** 것은? (단, 주어진 조건 외에는 고려하지 않음)

제32회

① 甲이 乙로부터 증여받은 것이라면 그 계약일에 취득세 납세의무가 성립한다.
② 甲이 乙로부터 부동산을 취득 후 재산세 과세기준일까지 등기하지 않았다면 재산세와 관련하여 乙은 부동산 소재지 관할 지방자치단체의 장에게 소유권변동사실을 신고할 의무가 있다.
③ 甲이 종합부동산세를 신고납부방식으로 납부하고자 하는 경우 과세표준과 세액을 해당 연도 12월 1일부터 12월 15일까지 관할 세무서장에게 신고하는 때에 종합부동산세 납세의무는 확정된다.
④ 甲이 乙로부터 부동산을 40만원에 취득한 경우 등록면허세 납세의무가 있다.
⑤ 양도소득세의 예정신고만으로 甲의 양도소득세 납세의무가 확정되지 아니한다.

톺아보기

★ ⑤ 소득세 납세의무는 납세의무자의 신고에 의해 확정된다.
③ 종합부동산세는 원칙적으로 과세관청이 결정하는 때에 납세의무가 확정되지만, 예외적으로 신고납부를 하는 경우에는 납세의무자의 신고에 의하여 납세의무가 확정된다.
④ 취득세는 면세점(취득가격 50만원 이하)이 적용되지만, 등록면허세는 면세점이 적용되지 않는다.

더 알아보기

납세의무의 확정

구분		보통징수(부과과세)	신고납부(신고납세)
의의		과세관청의 결정(처분)에 의하여 납부할 세액을 확정하는 경우	원칙적으로 납세의무자의 신고에 의하여 납부할 세액을 확정하는 경우
적용 세목	국세	종합부동산세(원칙), 상속세, 증여세 등	소득세, 종합부동산세(선택), 법인세, 부가가치세, 개별소비세, 주세, 교통·에너지·환경세, 증권거래세, 교육세 등
	지방세	재산세, 소방분 지역자원시설세, 면허에 대한 등록면허세, 지방교육세, 개인분 주민세 등	취득세, 등록에 대한 등록면허세, 특정자원분 및 특정시설분 지역자원시설세, 지방교육세, 지방소득세, 지방소비세, 사업소분 주민세 등

05 국세기본법령상 국세의 부과제척기간에 관한 설명으로 옳은 것은? 제34회

① 납세자가 「조세범 처벌법」에 따른 사기나 그 밖의 부정한 행위로 종합소득세를 포탈하는 경우(역외거래 제외) 그 국세를 부과할 수 있는 날부터 15년을 부과제척기간으로 한다.
② 지방국세청장은 「행정소송법」에 따른 소송에 대한 판결이 확정된 경우 그 판결이 확정된 날부터 2년이 지나기 전까지 경정이나 그 밖에 필요한 처분을 할 수 있다.
③ 세무서장은 「감사원법」에 따른 심사청구에 대한 결정에 의하여 명의대여 사실이 확인되는 경우에는 당초의 부과처분을 취소하고 그 결정이 확정된 날부터 1년 이내에 실제로 사업을 경영한 자에게 경정이나 그 밖에 필요한 처분을 할 수 있다.
④ 종합부동산세의 경우 부과제척기간의 기산일은 과세표준과 세액에 대한 신고기한의 다음 날이다.
⑤ 납세자가 법정신고기한까지 과세표준신고서를 제출하지 아니한 경우(역외거래 제외)에는 해당 국세를 부과할 수 있는 날부터 10년을 부과제척기간으로 한다.

톺아보기

오답해설

① 납세자가 「조세범 처벌법」에 따른 사기나 그 밖의 부정한 행위로 종합소득세를 포탈하는 경우(역외거래 제외) 그 국세를 부과할 수 있는 날부터 10년을 부과제척기간으로 한다.
② 지방국세청장 또는 세무서장은 이의신청, 심사청구, 심판청구, 「감사원법」에 따른 심사청구 또는 「행정소송법」에 따른 소송에 대한 결정이나 판결이 확정된 경우, 결정 또는 판결이 확정된 날부터 1년이 지나기 전까지 경정이나 그 밖에 필요한 처분을 할 수 있다.
④ 종합부동산세의 경우 부과제척기간의 기산일은 과세표준과 세액에 대한 해당 국세의 납세의무가 성립한 날(6월 1일)이다.
⑤ 납세자가 법정신고기한까지 과세표준신고서를 제출하지 아니한 경우(역외거래 제외)에는 해당 국세를 부과할 수 있는 날부터 7년을 부과제척기간으로 한다.

정답 | 04 ⑤ 05 ③

06 국세기본법령 및 지방세기본법령상 국세 또는 지방세 징수권의 소멸시효에 관한 설명으로 옳은 것은?
제35회

① 가산세를 제외한 국세가 10억원인 경우 국세징수권은 5년 동안 행사하지 아니하면 소멸시효가 완성된다.
② 가산세를 제외한 지방세가 1억원인 경우 지방세징수권은 7년 동안 행사하지 아니하면 소멸시효가 완성된다.
③ 가산세를 제외한 지방세가 5천만원인 경우 지방세징수권은 5년 동안 행사하지 아니하면 소멸시효가 완성된다.
④ 납세의무자가 양도소득세를 확정신고하였으나 정부가 경정하는 경우, 국세징수권을 행사할 수 있는 때는 납세의무자가 확정신고한 법정신고납부기한의 다음 날이다.
⑤ 납세의무자가 취득세를 신고하였으나 지방자치단체의 장이 경정하는 경우, 납세고지한 세액에 대한 지방세징수권을 행사할 수 있는 때는 그 납세고지서에 따른 납부기한의 다음 날이다.

톺아보기

①②③ 소멸시효의 기간은 다음과 같다.
- **소멸시효기간**: 징수권을 행사할 수 있는 때를 기산점으로 한다.

지방세	• 5천만원* 미만: 5년 • 5천만원* 이상: 10년
국세	• 5억원* 미만: 5년 • 5억원* 이상: 10년

* 가산세를 제외한 금액

④⑤ 소멸시효의 기산점은 다음과 같다.
- 과세표준과 세액의 신고에 의하여 납세의무가 확정되는 국세의 경우 신고한 세액에 대해서는 그 법정신고납부기한의 다음 날
- 과세표준과 세액을 정부가 결정, 경정 또는 수시부과결정하는 경우 납부고지한 세액에 대해서는 그 고지에 따른 납부기한의 다음 날

07 국세 및 지방세의 연대납세의무에 관한 설명으로 옳은 것은? 제34회

① 공동주택의 공유물에 관계되는 지방자치단체의 징수금은 공유자가 연대하여 납부할 의무를 진다.
② 공동으로 소유한 자산에 대한 양도소득금액을 계산하는 경우에는 해당 자산을 공동으로 소유하는 공유자가 그 양도소득세를 연대하여 납부할 의무를 진다.
③ 공동사업에 관한 소득금액을 계산하는 경우(주된 공동사업자에게 합산과세되는 경우 제외)에는 해당 공동사업자가 그 종합소득세를 연대하여 납부할 의무를 진다.
④ 상속으로 인하여 단독주택을 상속인이 공동으로 취득하는 경우에는 상속인 각자가 상속받는 취득물건을 취득한 것으로 보고, 공동상속인이 그 취득세를 연대하여 납부할 의무를 진다.
⑤ 어느 연대납세의무자에 대하여 소멸시효가 완성된 때에도 다른 연대납세의무자의 납세의무에는 영향을 미치지 아니한다.

톺아보기

[오답해설]
① 공동주택의 공유물에 관계되는 지방자치단체의 징수금은 공유자가 연대하여 납부할 의무가 없다.
② 공동으로 소유한 자산에 대한 양도소득금액을 계산하는 경우에는 해당 자산을 공동으로 소유하는 공유자가 그 양도소득세를 연대하여 납부할 의무는 없으며, 각 거주자가 납세의무를 진다.
③ 공동사업에 관한 소득금액을 계산하는 경우에는 해당 공동사업자별로 납세의무를 진다. 다만, 주된 공동사업자에게 합산과세되는 경우 그 합산과세되는 소득금액에 대해서는 주된 공동사업자의 특수관계인은 손익분배비율에 해당하는 그의 소득금액을 한도로 주된 공동사업자와 연대하여 납세의무를 진다.
⑤ 어느 연대납세의무자에 대하여 소멸시효가 완성된 때에는 다른 연대납세의무자의 납세의무에도 영향을 미친다.

정답 | 06 ⑤ 07 ④

제3장 / 조세와 다른 채권의 관계

기본서 p.68~75

01 상중하

법정기일 전에 저당권의 설정을 등기한 사실이 등기사항증명서(부동산등기부 등본)에 따라 증명되는 재산을 매각하여 그 매각금액에서 국세 또는 지방세를 징수하는 경우, 그 재산에 대하여 부과되는 다음의 국세 또는 지방세 중 저당권에 따라 담보된 채권에 우선하여 징수하는 것은 모두 몇 개인가? (단, 가산세는 고려하지 않음)

제30회 수정

- 종합부동산세
- 등록면허세
- 건축물(소방분)에 대한 지역자원시설세
- 취득세에 부가되는 지방교육세
- 부동산임대에 따른 종합소득세

① 1개
② 2개
③ 3개
④ 4개
⑤ 5개

톺아보기

★ 그 재산에 부과된 조세는 법정기일 전에 설정된 저당권 등에 의한 피담보채권에 우선하여 징수하며, 그 재산에 부과된 조세로는 재산세, 소방분 지역자원시설세, 자동차세, 지방교육세(재산세와 자동차세의 부가세), 종합부동산세, 상속세 및 증여세가 있다.

02 「국세기본법」 및 「지방세기본법」상 조세채권과 일반채권의 관계에 관한 설명으로 틀린 것은?

제29회

① 납세담보물 매각시 압류에 관계되는 조세채권은 담보 있는 조세채권보다 우선한다.
② 재산의 매각대금 배분시 당해 재산에 부과된 종합부동산세는 당해 재산에 설정된 전세권에 따라 담보된 채권보다 우선한다.
③ 취득세 신고서를 납세지 관할 지방자치단체장에게 제출한 날 전에 저당권설정등기 사실이 증명되는 재산을 매각하여 그 매각금액에서 취득세를 징수하는 경우, 저당권에 따라 담보된 채권은 취득세에 우선한다.
④ 강제집행으로 부동산을 매각할 때 그 매각금액 중에 국세를 징수하는 경우, 강제집행 비용은 국세에 우선한다.
⑤ 재산의 매각대금 배분시 당해 재산에 부과된 재산세는 당해 재산에 설정된 저당권에 따라 담보된 채권보다 우선한다.

톺아보기

① 조세채권 사이의 우선권은 '담보된 조세 ⇨ 압류한 조세 ⇨ 교부청구한 조세'의 순서로 징수한다.
★ ⑤ 재산의 매각대금 배분시 당해 재산에 부과된 재산세는 당해 재산에 설정된 저당권에 따라 담보된 채권보다 우선한다.

정답 | 01 ② 02 ①

03

국세기본법령 및 지방세기본법령상 조세채권과 일반채권의 우선관계에 관한 설명으로 틀린 것은? (단, 납세의무자의 신고는 적법한 것으로 가정함) 제35회

① 취득세의 법정기일은 과세표준과 세액을 신고한 경우 그 신고일이다.
② 토지를 양도한 거주자가 양도소득세 과세표준과 세액을 예정신고한 경우 양도소득세의 법정기일은 그 예정신고일이다.
③ 법정기일 전에 전세권이 설정된 사실은 양도소득세의 경우 부동산등기부 등본 또는 공증인의 증명으로 증명한다.
④ 주택의 직전 소유자가 국세의 체납 없이 전세권이 설정된 주택을 양도하였으나, 양도 후 현재 소유자의 소득세가 체납되어 해당주택의 매각으로 그 매각금액에서 소득세를 강제징수하는 경우 그 소득세는 해당 주택의 전세권담보채권에 우선한다.
⑤ 「주택임대차보호법」 제8조가 적용되는 임대차관계에 있는 주택을 매각하여 그 매각금액에서 지방세를 강제징수하는 경우에는 임대차에 관한 보증금 중 일정액으로서 같은 법에 따라 임차인이 우선하여 변제받을 수 있는 금액에 관한 채권이 지방세에 우선한다.

톺아보기

법정기일 전에 전세권이 설정된 경우이므로 소득세는 해당 주택의 전세권담보채권보다 우선하지 못한다.

더 알아보기

1. **국세의 우선 징수**
    - 국세 및 강제징수비는 다른 공과금이나 그 밖의 채권에 우선하여 징수한다.
    - 국세 징수금의 징수순위는 '강제징수비 ⇨ 국세(가산세 제외) ⇨ 가산세'순이다.

2. **지방세의 우선 징수**
    - 지방자치단체의 징수금은 다른 공과금과 그 밖의 채권에 우선하여 징수한다.
    - 지방자치단체의 징수금에 대한 징수순서는 '체납처분비 ⇨ 지방세(가산세 제외) ⇨ 가산세'의 순서로 한다. 이때 징수가 위임된 도세에 대하여는 징수순위에도 불구하고 시·군세에 우선하여 징수한다.

3. **조세상호간의 징수 순위**
    담보된 조세 ⇨ 압류한 조세 ⇨ 교부청구한 조세

4. 저당권 등에 의하여 담보된 채권과 지방세와의 관계

구분	법정기일 후에 저당권 등이 설정된 경우	법정기일 전에 저당권 등이 설정된 경우
1순위	공익비용(또는 체납처분비)	공익비용(또는 체납처분비)
2순위	소액임차보증금(주택·상가건물), 최종 3개월분의 임금 등	소액임차보증금(주택·상가건물), 최종 3개월분의 임금 등
3순위	그(당해) 재산에 부과된 조세	그(당해) 재산에 부과된 조세
4순위	지방세	피담보채권, 법정기일 전에 대항요건과 확정일자를 갖춘 임차보증금(상가·주택)
5순위	피담보채권, 법정기일 전에 대항요건과 확일자를 갖춘 임차보증금(상가·주택)	기타 임금채권
6순위	기타 임금채권	지방세
7순위	일반채권(공과금과 기타의 채권)	일반채권(공과금과 기타의 채권)

5. 주택임차보증금에 먼저 배분되는 경우

경매·공매시 해당 재산에 부과된 재산세, (소방분)지역자원시설세, 지방교육세(재산세의 부가세), 상속세, 증여세 및 종합부동산세의 법정기일이 임차인의 확정일자보다 늦은 경우 그 배분 예정액에 한하여 주택임차보증금에 먼저 배분된다.

정답 | 03 ④

제4장 / 조세의 불복제도 및 서류의 송달

기본서 p.76~87

01 「지방세기본법」상 이의신청과 심판청구에 관한 설명으로 옳은 것을 모두 고른 것은?

제33회 수정

⊙ 통고처분은 이의신청 또는 심판청구의 대상이 되는 처분에 포함된다.
⊙ 이의신청인은 신청금액이 800만원인 경우에는 그의 배우자를 대리인으로 선임할 수 있다.
⊙ 보정기간은 결정기간에 포함하지 아니한다.
⊙ 이의신청을 거치지 아니하고 바로 심판청구를 할 수는 없다.

① ㉠
② ㉡
③ ㉠, ㉣
④ ㉡, ㉢
⑤ ㉢, ㉣

톺아보기

옳은 것은 ㉡㉢이다.
㉠ 통고처분은 이의신청 또는 심판청구의 대상이 되는 처분에 포함되지 않는다.
㉡ 이의신청인은 신청금액이 1,000만원 미만인 경우에는 그의 배우자, 4촌 이내의 혈족 또는 그의 배우자의 4촌 이내 혈족을 대리인으로 선임할 수 있으므로 옳은 지문이다.
㉢ 보정기간은 「지방세기본법」 제96조에 따른 결정기간에 포함하지 아니하므로 옳은 지문이다.
㉣ 이의신청절차는 임의적이므로 이의신청을 거치지 아니하고 바로 심판청구를 할 수 있다.

02 「지방세기본법」상 이의신청·심판청구에 관한 설명으로 틀린 것은? 제30회 수정

① 「지방세기본법」에 따른 과태료의 부과처분을 받은 자는 이의신청 또는 심판청구를 할 수 없다.
② 심판청구는 그 처분의 집행에 효력이 미치지 아니하지만 압류한 재산에 대하여는 심판청구의 결정이 있는 날부터 30일까지 그 공매처분을 보류할 수 있다.
③ 지방세에 관한 불복시 불복청구인은 심판청구와 그에 대한 결정을 거치지 아니하고 행정소송을 제기할 수 있다.
④ 이의신청인은 신청금액이 1,000만원 미만인 경우에는 그의 배우자, 4촌 이내의 혈족 또는 그의 배우자의 4촌 이내 혈족을 대리인으로 선임할 수 있다.
⑤ 이의신청이 이유 없다고 인정될 때에는 신청을 기각하는 결정을 한다.

톺아보기

지방세의 조세불복절차에 관련하여 「지방세기본법」 제89조에 규정된 위법한 처분에 대한 행정소송은 「행정소송법」 제18조 제1항 본문 및 같은 조 제2항·제3항에도 불구하고 이 법에 따른 심판청구와 그에 대한 결정을 거치지 아니하면 제기할 수 없다. 다만, 심판청구에 대한 재조사 결정(「지방세기본법」 제100조에 따라 심판청구에 관하여 준용하는 「국세기본법」 제65조 제1항 제3호 단서에 따른 재조사 결정을 말함)에 따른 처분청의 처분에 대한 행정소송은 그러하지 아니하다.

정답 | 01 ④ 02 ③

03 「지방세기본법」상 서류의 송달에 관한 설명으로 틀린 것은? 제33회

① 연대납세의무자에게 납세의 고지에 관한 서류를 송달할 때에는 연대납세의무자 모두에게 각각 송달하여야 한다.
② 기한을 정하여 납세고지서를 송달하였더라도 서류가 도달한 날부터 10일이 되는 날에 납부기한이 되는 경우 지방자치단체의 징수금의 납부기한은 해당 서류가 도달한 날부터 14일이 지난 날로 한다.
③ 납세관리인이 있을 때에는 납세의 고지와 독촉에 관한 서류는 그 납세관리인의 주소 또는 영업소에 송달한다.
④ 교부에 의한 서류송달의 경우에 송달할 장소에서 서류를 송달받아야 할 자를 만나지 못하였을 때에는 그의 사용인으로서 사리를 분별할 수 있는 사람에게 서류를 송달할 수 있다.
⑤ 서류송달을 받아야 할 자의 주소 또는 영업소가 분명하지 아니한 경우에는 서류의 주요 내용을 공고한 날부터 14일이 지나면 서류의 송달이 된 것으로 본다.

톺아보기

기한을 정하여 납세고지서를 송달하였더라도 서류가 도달한 날부터 7일 이내에 납부기한이 되는 경우 지방자치단체의 징수금의 납부기한은 해당 서류가 도달한 날부터 14일이 지난 날로 한다.

더 알아보기

공시송달을 할 수 있는 경우

- 주소 또는 영업소가 국외에 있고 그 송달이 곤란한 경우
- 주소 또는 영업소가 분명하지 아니한 경우
- 서류를 우편으로 송달하였으나 받을 사람이 없는 것으로 확인되어 반송됨으로써 납부기한 내에 송달하기 곤란하다고 인정되는 경우
- 세무공무원이 2회 이상 납세자를 방문하여 서류를 교부하려고 하였으나 받을 사람이 없는 것으로 확인되어 납부기한 내에 송달하기 곤란하다고 인정되는 경우

🔍 다만, 송달할 장소에서 서류의 송달을 받아야 할 자를 만나지 못하였을 때에는 그 사용인, 그 밖의 종업원 또는 동거인으로서 사리를 판별할 수 있는 사람에게 서류를 송달할 수 있으며, 서류의 송달을 받아야 할 자 또는 그 사용인, 그 밖의 종업원 또는 동거인으로서 사리를 판별할 수 있는 사람이 정당한 사유 없이 서류의 수령을 거부하면 송달할 장소에 서류를 둘 수 있다. 이를 유치송달이라고 한다.

정답 | 03 ②

land.Hackers.com

land.Hackers.com
해커스 공인중개사 **단원별 기출문제집**

3개년 출제비중분석

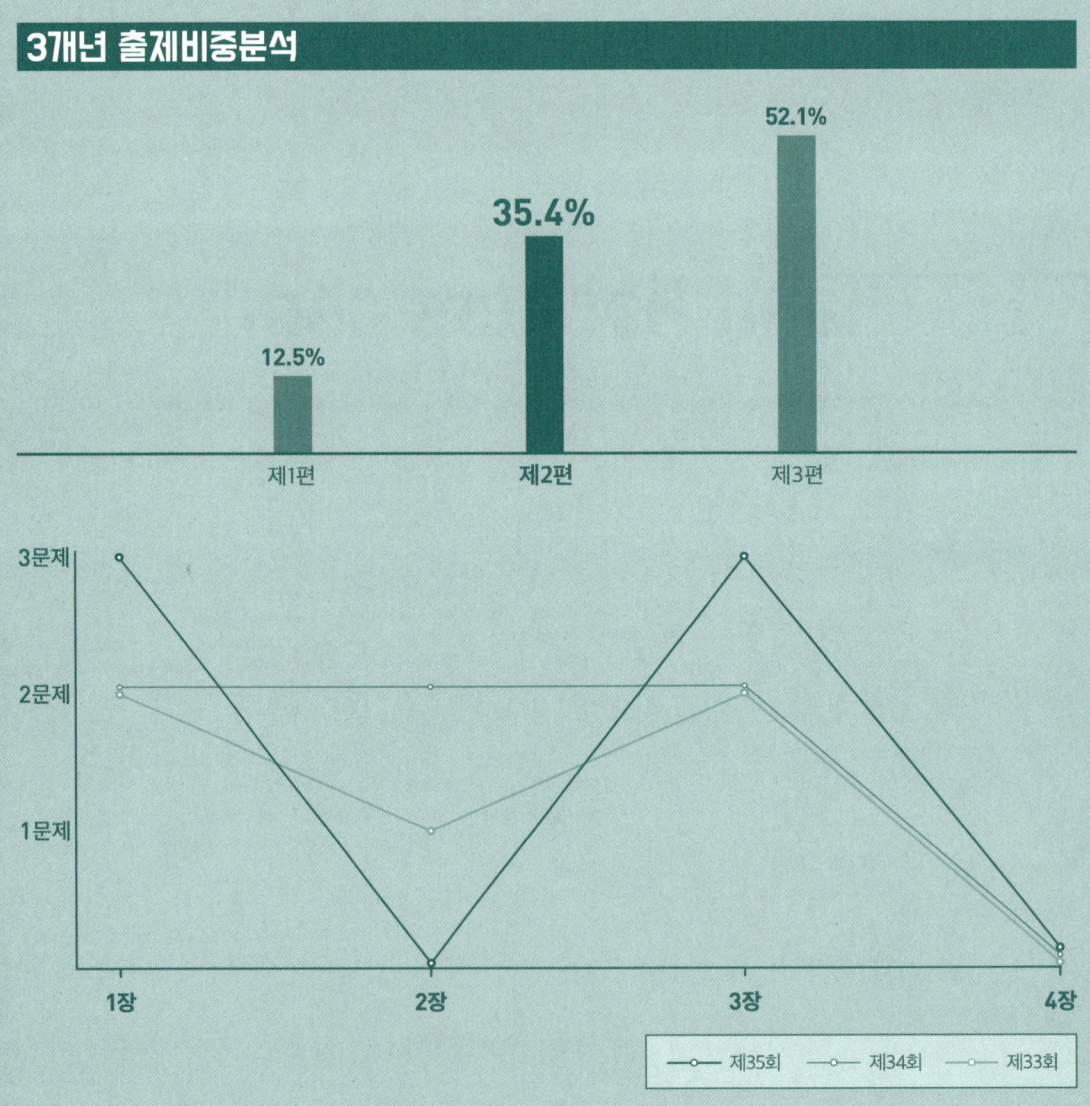

제2편

지방세

제1장 취득세
제2장 등록면허세
제3장 재산세
제4장 기타 지방세

제1장 / 취득세

기본서 p.90~153

01 「지방세법」상 취득세의 납세의무자 등에 관한 설명으로 옳은 것은? 제26회 수정

① 취득세는 부동산, 부동산에 준하는 자산, 어업권을 제외한 각종 권리 등을 취득한 자에게 부과한다.
② 건축물 중 조작설비로서 그 주체구조부와 하나가 되어 건축물로서의 효용가치를 이루고 있는 것에 대하여는 주체구조부 취득자 외의 자가 가설한 경우에도 주체구조부의 취득자가 함께 취득한 것으로 본다.
③ 법인설립시 발행하는 주식을 취득함으로써 「지방세기본법」에 따른 과점주주가 되었을 때에는 그 과점주주가 해당 법인의 부동산 등을 취득한 것으로 본다.
④ 토지의 지목을 사실상 변경함으로써 그 가액이 증가한 경우에 취득으로 보지 아니한다.
⑤ 증여자의 채무를 인수하는 부담부증여의 경우(증여자와 수증자는 배우자 또는 직계존비속은 아님)에 그 채무액에 상당하는 부분은 부동산 등을 유상취득한 것으로 보지 아니한다.

톺아보기

★ ② 건축물 중 조작설비로서 그 주체구조부와 하나가 되어 건축물로서의 효용가치를 이루고 있는 것에 대하여는 주체구조부 취득자 외의 자가 가설한 경우에도 주체구조부의 취득자가 함께 취득한 것으로 본다.

오답해설
① 취득세는 부동산, 부동산에 준하는 자산, 어업권을 포함한 권리 등을 취득한 자에게 부과한다.
③ 법인설립시 발행하는 주식을 취득함으로써 과점주주가 되었을 때에는 그 과점주주가 해당 법인의 부동산 등을 취득한 것으로 보지 아니한다.
④ 토지의 지목을 사실상 변경함으로써 그 가액이 증가한 경우에는 취득으로 본다.
⑤ 증여자의 채무를 인수하는 부담부증여의 경우에는 그 채무액에 상당하는 부분은 부동산 등을 유상취득한 것으로 본다.

02 지방세법령상 취득세에 관한 설명으로 틀린 것은? 제34회

① 건축물 중 조작 설비에 속하는 부분으로서 그 주체구조부와 하나가 되어 건축물로서의 효용가치를 이루고 있는 것에 대하여는 주체구조부 취득자 외의 자가 가설한 경우에도 주체구조부의 취득자가 함께 취득한 것으로 본다.
② 「도시개발법」에 따른 환지방식에 의한 도시개발사업의 시행으로 토지의 지목이 사실상 변경됨으로써 그 가액이 증가한 경우에는 그 환지계획에 따라 공급되는 환지는 사업시행자가, 체비지 또는 보류지는 조합원이 각각 취득한 것으로 본다.
③ 경매를 통하여 배우자의 부동산을 취득하는 경우에는 유상으로 취득한 것으로 본다.
④ 형제자매인 증여자의 채무를 인수하는 부동산의 부담부증여의 경우에는 그 채무액에 상당하는 부분은 부동산을 유상으로 취득하는 것으로 본다.
⑤ 부동산의 승계취득은 「민법」 등 관계 법령에 따른 등기를 하지 아니한 경우라도 사실상 취득하면 취득한 것으로 보고 그 부동산의 양수인을 취득자로 한다.

톺아보기

「도시개발법」에 따른 환지방식에 의한 도시개발사업의 시행으로 토지의 지목이 사실상 변경됨으로써 그 가액이 증가한 경우에는 그 환지계획에 따라 공급되는 환지는 조합원이, 체비지 또는 보류지는 사업시행자가 각각 취득한 것으로 본다.

03 「지방세법」상 취득세 납세의무에 관한 설명으로 옳은 것은?

제32회 수정

① 토지의 지목을 사실상 변경함으로써 그 가액이 증가한 경우에는 취득으로 보지 아니한다.
② 상속회복청구의 소에 의한 법원의 확정판결에 의하여 특정 상속인이 당초 상속분을 초과하여 취득하게 되는 재산가액은 상속분이 감소한 상속인으로부터 증여받아 취득한 것으로 본다.
③ 권리의 이전이나 행사에 등기 또는 등록이 필요한 부동산을 직계존속과 서로 교환한 경우에는 무상으로 취득한 것으로 본다.
④ 증여로 인한 승계 취득의 경우 해당 취득물건을 등기·등록하더라도 취득일부터 취득일이 속하는 달의 말일부터 3개월 이내에 공증받은 공정증서에 의하여 계약이 해제된 사실이 입증되는 경우에는 취득한 것으로 보지 아니한다.
⑤ 증여자가 배우자 또는 직계존비속이 아닌 경우 증여자의 채무를 인수하는 부담부증여의 경우에는 그 채무액에 상당하는 부분은 부동산 등을 유상으로 취득하는 것으로 본다.

톺아보기

오답해설

★ ① 토지의 지목을 사실상 변경함으로써 그 가액이 증가한 경우에는 취득으로 본다.
② 상속회복청구의 소에 의한 법원의 확정판결에 의하여 특정 상속인이 당초 상속분을 초과하여 취득하게 되는 재산가액은 상속분이 감소한 상속인으로부터 증여받아 취득한 것으로 보지 아니한다.
★ ③ 권리의 이전이나 행사에 등기 또는 등록이 필요한 부동산을 직계존속과 서로 교환한 경우에는 유상으로 취득한 것으로 본다.
★ ④ 증여로 인한 승계 취득의 경우 해당 취득물건을 등기·등록하지 아니하고 취득일부터 취득일이 속하는 달의 말일부터 3개월 이내에 공증받은 공정증서에 의하여 계약이 해제된 사실이 입증되는 경우에는 취득한 것으로 보지 아니한다. 그러므로 등기·등록한 경우에는 취득한 것으로 본다.

더 알아보기

부담부증여

- 증여자의 채무를 인수하는 부담부증여의 경우에는 그 채무액에 상당하는 부분은 부동산 등을 유상으로 취득하는 것으로 보며, 나머지 부분은 증여로 취득한 것으로 본다.
- 배우자 또는 직계존비속으로부터의 부동산 등의 부담부증여의 경우에는 원칙적으로 증여로 취득한 것으로 본다. 다만, 대가를 지급한 사실을 증명한 경우에는 유상으로 취득한 것으로 본다.

04 「지방세법」상 과점주주의 간주취득세가 과세되는 경우가 아닌 것은 모두 몇 개인가? (단, 주식발행법인은 「자본시장과 금융투자업에 관한 법률 시행령」 제176조의9 제1항에 따른 유가증권시장에 상장한 법인이 아니며, 「지방세특례제한법」은 고려하지 않음)

제29회

> ㉠ 법인설립시에 발행하는 주식을 취득함으로써 과점주주가 된 경우
> ㉡ 과점주주가 아닌 주주가 다른 주주로부터 주식을 취득함으로써 최초로 과점주주가 된 경우
> ㉢ 이미 과점주주가 된 주주가 해당 법인의 주식을 취득하여 해당 법인의 주식의 총액에 대한 과점주주가 가진 주식의 비율이 증가된 경우
> ㉣ 과점주주 집단 내부에서 주식이 이전되었으나 과점주주 집단이 소유한 총 주식의 비율에 변동이 없는 경우

① 0개 ② 1개 ③ 2개 ④ 3개 ⑤ 4개

톺아보기

과점주주의 간주취득세가 과세되는 경우가 아닌 것은 ㉠㉣ 2개이다.
㉠ 법인설립시에 발행하는 주식을 취득함으로써 과점주주가 된 경우에는 과세되지 않는다.
㉣ 과점주주 집단 내부에서 주식이 이전되었으나 과점주주 집단이 소유한 총 주식의 비율에 변동이 없는 경우에는 과세되지 않는다.

더 알아보기

과점주주의 주식취득시 취득의제

1. 의의
   - 법인의 주식 또는 지분을 취득함으로써 「지방세기본법」 제46조 제2호에 따른 과점주주 중 대통령령으로 정하는 과점주주가 되었을 때에는 그 과점주주가 해당 법인의 부동산 등(법인이 「신탁법」에 따라 신탁한 재산으로서 수탁자 명의로 등기·등록이 되어 있는 부동산 등을 포함)을 취득한 것으로 본다.
   - **간주취득세 부과대상인 특수관계자의 범위**: 주주 또는 유한책임사원 1명과 해당 주주 또는 유한책임사원의 특수관계인이 친족관계인 사람, 경제적 연관관계에 있는 사람 중에서 임원과 그 밖의 사용인, 경영지배관계에 있는 사람 중 법인의 경영에 대하여 직접적인 영향력을 행사하고 있는 자
   - **과점주주**: (비상장)법인의 주주 또는 사원 1인과 그와 친족관계 등에 있는 자들로서 그들의 소유주식금액 합계액이 해당 법인의 발행주식 총액 또는 출자총액의 100분의 50을 초과하면서 그에 관한 권리를 실질적으로 행사하는 자들을 말한다.
2. 법인설립시에 발행하는 주식 또는 지분을 취득함으로써 과점주주가 된 경우에는 취득으로 보지 아니한다.
3. 과점주주들은 취득세에 대하여 연대납세의무가 있다.
4. 납세의무의 성립시기는 과점주주가 된 시점이다.

정답 | 03 ⑤ 04 ③

05

지방세기본법령 및 지방세법령상 취득세 납세의무의 성립에 관한 설명으로 **틀린** 것은? 제34회 수정

① 상속으로 인한 취득의 경우에는 상속개시일이 납세의무의 성립시기이다.
② 부동산의 증여계약으로 인한 취득에 있어서 소유권이전등기를 하지 않고 계약일부터 취득일이 속하는 달의 말일부터 3개월 이내에 공증받은 공정증서로 계약이 해제된 사실이 입증되는 경우에는 취득한 것으로 보지 않는다.
③ 유상승계취득의 경우 사실상의 잔금지급일을 확인할 수 있는 때에는 사실상의 잔금지급일이 납세의무의 성립시기이다. 단, 사실상 잔금지급일이 등기일보다는 빠른 경우이다.
④ 「민법」에 따른 이혼시 재산분할로 인한 부동산 취득의 경우에는 취득물건의 등기일이 납세의무의 성립시기이다.
⑤ 「도시 및 주거환경정비법」에 따른 재건축조합이 재건축사업을 하면서 조합원으로부터 취득하는 토지 중 조합원에게 귀속되지 아니하는 토지를 취득하는 경우에는 같은 법에 따른 준공인가고시일의 다음 날이 납세의무의 성립시기이다.

톺아보기

「도시 및 주거환경정비법」에 따른 재건축조합이 재건축사업을 하면서 조합원으로부터 취득하는 토지 중 조합원에게 귀속되지 아니하는 토지를 취득하는 경우에는 같은 법에 따른 소유권이전고시일의 다음 날이 납세의무의 성립시기이다.

06 「지방세법」상 취득의 시기 등에 관한 설명으로 틀린 것은?   제28회

① 연부로 취득하는 것(취득가액의 총액이 50만원 이하인 것은 제외)은 그 사실상의 연부금 지급일을 취득일로 본다. 단, 취득일 전에 등기 또는 등록한 경우에는 그 등기일 또는 등록일에 취득한 것으로 본다.

② 관계 법령에 따라 매립·간척 등으로 토지를 원시취득하는 경우로서 공사준공인가일 전에 사실상 사용하는 경우에는 그 사실상 사용일을 취득일로 본다.

③ 「주택법」 제11조에 따른 주택조합이 주택건설사업을 하면서 조합원으로부터 취득하는 토지 중 조합원에게 귀속되지 아니하는 토지를 취득하는 경우에는 「주택법」 제49조에 따른 사용검사를 받은 날에 그 토지를 취득한 것으로 본다.

④ 「도시 및 주거환경정비법」 제16조 제2항에 따른 주택재건축조합이 주택재건축사업을 하면서 조합원으로부터 취득하는 토지 중 조합원에게 귀속되지 아니하는 토지를 취득하는 경우에는 「도시 및 주거환경정비법」 제54조 제2항에 따른 소유권이전고시일에 그 토지를 취득한 것으로 본다.

⑤ 토지의 지목변경에 따른 취득은 토지의 지목이 사실상 변경된 날과 공부상 변경된 날 중 빠른 날을 취득일로 본다. 다만, 토지의 지목변경일 이전에 사용하는 부분에 대해서는 그 사실상의 사용일을 취득일로 본다.

톺아보기

④ 「도시 및 주거환경정비법」 제35조 제3항에 따른 주택재건축조합이 주택재건축사업을 하면서 조합원으로부터 취득하는 토지 중 조합원에게 귀속되지 아니하는 토지를 취득하는 경우에는 「도시 및 주거환경정비법」 제86조 제2항에 따른 소유권이전고시일의 다음 날에 그 토지를 취득한 것으로 본다.

★ ① 연부로 취득하는 것(취득가액의 총액이 50만원 이하인 것은 제외)은 그 사실상의 연부금 지급일을 취득일로 본다. 단, 취득일 전에 등기 또는 등록한 경우에는 그 등기일 또는 등록일에 취득한 것으로 본다.

정답 | 05 ⑤ 06 ④

07 지방세법령상 취득세의 취득당시가액에 관한 설명으로 옳은 것은? (단, 주어진 조건 외에는 고려하지 않음)

제35회

① 건축물을 교환으로 취득하는 경우에는 교환으로 이전받는 건축물의 시가표준액과 이전하는 건축물의 시가표준액 중 낮은 가액을 취득당시가액으로 한다.
② 상속에 따른 건축물 무상취득의 경우에는 「지방세법」 제4조에 따른 시가표준액을 취득당시가액으로 한다.
③ 대물변제에 따른 건축물 취득의 경우에는 대물변제액(대물변제액 외에 추가로 지급한 금액이 있는 경우에는 그 금액을 제외한다)을 취득당시가액으로 한다.
④ 법인이 아닌 자가 건축물을 건축하여 취득하는 경우로서 사실상 취득가격을 확인할 수 없는 경우에는 시가인정액을 취득당시가액으로 한다.
⑤ 법인이 아닌 자가 건축물을 매매로 승계취득하는 경우에는 그 건축물을 취득하기 위하여 「공인중개사법」에 따른 공인중개사에게 지급한 중개보수를 취득당시가액에 포함한다.

톺아보기

오답해설
① 건축물을 교환으로 취득하는 경우에는 교환으로 이전받는 건축물의 시가표준액과 이전하는 건축물의 시가표준액 중 높은 가액을 취득당시가액으로 한다.
③ 대물변제에 따른 건축물 취득의 경우에는 대물변제액(대물변제액 외에 추가로 지급한 금액이 있는 경우에는 그 금액을 포함한다)을 취득당시가액으로 한다.
④ 법인이 아닌 자가 건축물을 건축하여 취득하는 경우로서 사실상 취득가격을 확인할 수 없는 경우에는 시가표준액을 취득당시가액으로 한다.
⑤ 법인이 아닌 자가 건축물을 매매로 승계취득하는 경우에는 그 건축물을 취득하기 위하여 「공인중개사법」에 따른 공인중개사에게 지급한 중개보수를 취득당시가액에 포함하지 아니한다.

08 甲은 특수관계 없는 乙로부터 다음과 같은 내용으로 주택을 유상거래로 승계취득하였다. 취득세 과세표준금액으로 옳은 것은?

제29회 수정

- 아래의 계약내용은 「부동산 거래신고 등에 관한 법률」 제3조에 따른 신고서를 제출하여 같은 법 제5조에 따라 검증이 이루어짐
- 계약내용
  - 총매매대금 500,000,000원
    - 2025년 7월 2일 계약금 50,000,000원
    - 2025년 8월 2일 중도금 150,000,000원
    - 2025년 9월 3일 잔금 300,000,000원
- 甲이 주택 취득과 관련하여 지출한 비용
  - 총매매대금 외에 당사자약정에 의하여 乙의 은행채무를 甲이 대신 변제한 금액 10,000,000원
  - 법령에 따라 매입한 국민주택채권을 해당 주택의 취득 이전에 금융회사에 양도함으로써 발생하는 매각차손 1,000,000원

① 500,000,000원
② 501,000,000원
③ 509,000,000원
④ 510,000,000원
⑤ 511,000,000원

톺아보기

500,000,000원(총매매대금) + 10,000,000원(취득대금 외에 당사자약정에 의한 취득자 조건 부담액과 채무인수액) + 1,000,000원(법령에 따라 매입한 국민주택채권을 양도함으로써 발생하는 매각차손) = 511,000,000원

정답 | 07 ② 08 ⑤

> **더 알아보기**

1. 사실상 취득가격의 범위

    부동산 등을 유상거래로 승계취득하는 경우로서 사실상 취득가액을 취득세 과세표준으로 하는 경우 취득당시가액은 과세대상물건의 취득시기를 기준으로 그 이전에 해당 물건을 취득하기 위하여 거래상대방 또는 제3자에게 지급하였거나 지급하여야 할 직접비용과 다음의 2.에 해당하는 간접비용의 합계액으로 한다. 다만, 취득대금을 일시급 등으로 지급하여 일정액을 할인받은 경우에는 그 할인된 금액으로 한다.

2. 사실상 취득가격에 포함되는지 여부

포함 ○	포함 ×
• 할부 또는 연부계약에 따른 이자 상당액 및 연체료(법인이 아닌 자가 취득하는 경우 제외) • 건설자금에 충당한 차입금의 이자 또는 이와 유사한 금융비용(법인이 아닌 자가 취득하는 경우 제외) • 농지보전부담금, 대체산림자원조성비, 「문화예술진흥법」제9조에 따른 미술작품의 설치비용 또는 문화예술진흥기금에 출연하는 금액 등 관계 법령에 따라 의무적으로 부담하는 비용 • 취득에 필요한 용역을 제공받은 대가로 지급하는 용역비·수수료 • 취득대금 외에 당사자 약정에 의한 취득자 조건 부담액과 채무인수액 • 부동산을 취득하는 경우「주택도시기금법」제8조 규정에 따라 매입한 국민주택채권을 해당 부동산의 취득 이전에 양도함으로써 발생하는 매각차손 • 공인중개사에게 지급한 중개보수(법인이 아닌 자가 취득하는 경우 제외) • 붙박이 가구·가전제품 등 건축물에 부착되거나 일체를 이루면서 건축물의 효용을 유지 또는 증대시키기 위한 설비·시설 등의 설치비용 • 정원 또는 부속시설물 등을 조성·설치하는 비용 • 위에 열거된 비용에 준하는 비용	• 취득하는 물건의 판매를 위한 광고선전비 등의 판매비용과 그와 관련한 부대비용 • 관련 법률에 따라 전기·가스·열 등을 이용하는 자가 분담하는 비용 • 이주비, 지장물 보상금 등 취득물건과는 별개의 권리에 관한 보상성격으로 지급되는 비용 • 부가가치세 • 위에 열거된 비용에 준하는 비용

09

「지방세법」상 사실상의 취득가격 또는 연부금액을 취득세의 과세표준으로 하는 경우 취득가격 또는 연부금액에 포함되지 않는 것은? (단, 특수관계인과의 거래가 아니며, 비용 등은 취득시기 이전에 지급되었음)

제27회 수정

① 「전기사업법」에 따라 전기를 사용하는 자가 분담하는 비용
② 법인이 취득하는 경우 건설자금에 충당한 차입금의 이자
③ 법인이 연부로 취득하는 경우 연부계약에 따른 이자 상당액
④ 취득에 필요한 용역을 제공받는 대가로 지급하는 용역비
⑤ 취득대금 외에 당사자의 약정에 따른 취득자 조건 부담액

톺아보기

「전기사업법」에 따라 전기를 사용하는 자가 분담하는 비용은 취득가격에 포함하지 않는다.

더 알아보기

취득자에 따른 사실상 취득가격 포함 여부

구분	취득자	
	법인인 경우	법인이 아닌 경우
• 할부이자 · 연체이자 및 연체료 • 공인중개사에게 지급한 중개보수 • 건설자금에 충당한 차입금의 이자	취득가격에 포함	취득가격에서 제외

10

「지방세법」상 공유농지를 분할로 취득하는 경우 자기 소유지분에 대한 취득세 과세표준의 표준세율은?

제27회

① 1,000분의 23
② 1,000분의 28
③ 1,000분의 30
④ 1,000분의 35
⑤ 1,000분의 40

톺아보기

공유물 · 공유권 해소의 분할로 인한 취득의 표준세율은 1,000분의 23이다.

정답 | 09 ① 10 ①

11 상중하

「지방세법」상 취득세의 과세표준과 세율에 관한 설명으로 옳은 것은? (단, 2025년 중 취득한 과세대상 재산에 한하며, 부당행위계산은 없는 것으로 가정함) 제25회 수정

① 취득가액이 100만원인 경우에는 취득세를 부과하지 아니한다.
② 같은 취득물건에 대하여 둘 이상의 세율이 해당되는 경우에는 그 중 낮은 세율을 적용한다.
③ 부동산 등을 유상거래로 승계취득한 경우에는 사실상의 취득가격 또는 연부금액을 과세표준으로 한다.
④ 대도시에서 「한국은행법」 및 「한국수출입은행법」에 따른 은행업에 직접 사용할 목적으로 부동산을 취득하는 경우에는 중과세율을 적용한다(다만, 직접 사용하여야 하는 기한 또는 다른 업종이나 다른 용도에 사용·겸용이 금지되는 기간은 고려하지 않는다).
⑤ 유상거래를 원인으로 취득 당시의 가액이 6억원 이하인 주택(조정대상지역 내 1세대 1주택)을 취득하는 경우에는 1,000분의 20의 세율을 적용한다.

톺아보기

[오답해설]
① 취득가액이 50만원 이하인 경우에는 취득세를 부과하지 아니한다.
② 같은 취득물건에 대하여 둘 이상의 세율이 해당되는 경우에는 그 중 높은 세율을 적용한다.
④ 대도시에 설치가 불가피하다고 인정되는 업종으로서 대도시 중과 제외 업종(예 은행업, 의료업, 유통산업, 첨단업종, 할부금융업 등)에 직접 사용할 목적으로 부동산을 취득하는 경우의 취득세는 중과세하지 아니하고, 부동산취득의 표준세율을 적용한다.
⑤ 유상을 원인으로 조정대상지역 내 1세대 1주택 및 조정대상지역 외 1세대 2주택을 취득하는 경우로서 취득가액이 6억원 이하인 경우 취득세 표준세율은 1,000분의 10이다.

12 「지방세법」상 취득세의 과세표준 및 세율에 관한 설명으로 틀린 것은? 제26회 수정

① 취득세의 과세표준은 취득 당시의 가액으로 한다. 다만, 연부로 취득하는 경우의 과세표준은 매회 사실상 지급되는 금액을 말하여, 취득금액에 포함되는 계약보증금을 포함한다.
② 건축(신축·재축 제외)으로 인하여 건축물 면적이 증가할 때에는 그 증가된 부분에 대하여 원시취득으로 보아 해당 세율을 적용한다.
③ 환매등기를 병행하는 부동산의 매매로서 환매기간 내에 매도자가 환매한 경우의 그 매도자와 매수자의 취득에 대한 취득세는 표준세율에 중과기준세율(100분의 200)을 합한 세율로 산출한 금액으로 한다.
④ 토지를 취득한 자가 그 취득한 날부터 1년 이내에 그에 인접한 토지를 취득한 경우에는 그 전후의 취득에 관한 토지의 취득을 1건의 토지 취득으로 보아 면세점을 적용한다.
⑤ 지방자치단체장은 조례로 정하는 바에 따라 취득세 표준세율의 100분의 50 범위에서 가감할 수 있다.

톺아보기

③ 환매등기를 병행하는 부동산의 매매로서 환매기간 내에 매도자가 환매한 경우의 그 매도자와 매수자의 취득에 대한 취득세는 표준세율에서 중과기준세율을 뺀 세율로 산출한 금액으로 한다.
★ ① 취득세의 과세표준은 취득 당시의 가액으로 한다. 다만, 연부로 취득하는 경우의 과세표준은 매회 사실상 지급되는 금액을 말하여, 취득금액에 포함되는 계약보증금을 포함한다.

더 알아보기

1. **취득세 과세표준의 기준**
   취득 당시의 가액으로 한다. 다만, 연부로 취득하는 경우 취득세의 과세표준은 연부금액(매회 사실상 지급되는 금액을 말하며, 취득금액에 포함되는 계약보증금을 포함)으로 한다.

2. **취득원인에 따른 과세표준**
   (1) **부동산 등을 무상으로 취득하는 경우**
      ㉠ 원칙: 시가인정액
         🔍 시가인정액이란 매매사례가액, 감정가액, 공매가액 등 대통령령으로 정하는 바에 따라 시가로 인정되는 가액을 말한다. 즉, 취득일 전 6개월부터 취득일 후 3개월 이내의 평가기간에 취득대상이 된 「지방세법」 제7조 제1항에 따른 부동산 등에 대하여 매매, 감정, 경매 또는 공매한 사실이 있는 경우의 가액으로서 법령에서 정하는 가액을 말한다.

정답 | 11 ③ 12 ③

ⓒ 예외: ⓐ에도 불구하고 다음의 경우에는 아래에서 정하는 가액을 취득당시가액으로 한다.
　　　ⓐ 상속에 따른 무상취득의 경우: 시가표준액
　　　ⓑ 취득물건에 대한 시가표준액이 1억원 이하인 부동산 등을 무상취득(ⓐ의 경우 제외)하는 경우: 시가인정액과 시가표준액 중에서 납세자가 정하는 가액
　　　ⓒ ⓐ, ⓑ에 해당하지 아니하는 경우: 시가인정액으로 하되, 시가인정액을 산정하기 어려운 경우에는 시가표준액

(2) 유상승계취득의 경우 과세표준
　ⓐ **사실상 취득가액**: 부동산 등을 유상거래로 승계취득하는 경우 취득당시가액은 취득시기 이전에 해당 물건을 취득하기 위하여 납세의무자(「신탁법」에 따른 신탁의 방식으로 해당 물건을 취득하는 경우에는 같은 법에 따른 위탁자 등 법령에 정하는 자 포함)가 거래 상대방이나 제3자에게 지급하였거나 지급하여야 할 일체의 비용으로서 대통령령으로 정하는 사실상의 취득가격으로 한다.
　ⓑ **부당행위계산**: 지방자치단체장은 시가인정액을 취득당시가액으로 결정할 수 있다.
　　🔍 부당행위계산은 특수관계인으로부터 시가인정액보다 낮은 가격으로 부동산을 취득한 경우로서 시가인정액과 사실상 취득가격의 차액이 3억원 이상이거나 시가인정액의 100분의 5에 상당하는 금액 이상인 경우로 한다.

(3) 원시취득의 경우 과세표준
　ⓐ 사실상 취득가격으로 한다.
　ⓑ ⓐ에도 불구하고 법인이 아닌 자가 건축물을 건축하여 취득하는 경우로서 사실상 취득가격을 확인할 수 없는 경우의 취득당시가액은 시가표준액으로 한다.

(4) 취득으로 보는 경우의 과세표준

구분	과세표준		
토지의 지목변경	증가한 가액에 해당하는 사실상 취득가격	법인이 아닌 자가 취득하는 경우로서 사실상 취득가격을 확인할 수 없는 경우	지목변경 이후의 시가표준액에서 지목변경 전의 시가표준액을 뺀 가액
선박, 차량 또는 기계장비의 종류변경			시가표준액
건축물을 개수	원시취득의 과세표준 적용		
과점주주의 주식 간주취득	해당 법인의 결산서와 그 밖의 장부 등에 따른 그 부동산 등의 총가액 × (과점주주가 취득한 주식 또는 출자의 총수) / (그 법인의 주식 또는 출자의 총수)		

13 지방세법령상 부동산 취득에 대한 취득세의 표준세율로 옳은 것을 모두 고른 것은? (단, 조례에 의한 세율조정, 지방세관계법령상 특례 및 감면은 고려하지 않음)

제35회

> ㉠ 상속으로 인한 농지의 취득: 1,000분의 23
> ㉡ 법인의 합병으로 인한 농지 외의 토지 취득: 1,000분의 40
> ㉢ 공유물의 분할로 인한 취득: 1,000분의 17
> ㉣ 매매로 인한 농지 외의 토지 취득: 1,000분의 19

① ㉠, ㉡
② ㉡, ㉢
③ ㉢, ㉣
④ ㉠, ㉡, ㉢
⑤ ㉡, ㉢, ㉣

톺아보기

옳은 것은 ㉠㉡이다.
㉢ 공유물의 분할로 인한 취득: 1,000분의 23
㉣ 매매로 인한 농지 외의 토지 취득: 1,000분의 40

정답 | 13 ①

> **더 알아보기**

부동산취득의 표준세율 정리

구분		세율	비고
상속취득	농지	2.3%	논·밭·과수원·목장용지
	농지 이외	2.8%	-
무상취득 (증여)	비영리사업자	2.8%	농지와 농지 이외 구별은 없다.
	일반	3.5%	
유상승계 취득	농지	3%	논·밭·과수원·목장용지
	농지·주택 이외	4%	매매와 교환으로 인한 경우 세율이 동일하다.
원시취득	일반적인 경우	2.8%	건축(신축과 재축은 제외) 또는 개수로 인하여 건축물 면적이 증가할 때에는 그 증가된 부분에 대하여 원시취득으로 보아 세율을 적용한다.
분할취득	공유물·공유권 해소의 분할	2.3%	형식적인 소유권 취득에 대한 세율특례가 적용되어 표준세율에서 중과기준세율을 뺀 세율을 적용한다. 즉, 0.3%를 적용한다.
	합유물·총유물	2.3%	-
법인이 합병, 분할에 따라 부동산 취득	농지	3%	법인의 합병, 분할에 따라 부동산을 취득하는 경우 유상취득의 세율을 적용한다.
	농지·주택 이외	4%	

농지		1,000분의 30
농지·주택 이외 부동산		1,000분의 40
주택	6억원 이하	1,000분의 10
	6억원 초과 9억원 이하	$Y^* = (해당\ 주택의\ 취득당시가액 \times \frac{2}{3억원} - 3) \times \frac{1}{100}$
	9억원 초과	1,000분의 30

* Y: 세율(%)

14

「지방세법」상 취득세 표준세율에서 중과기준세율을 뺀 세율로 산출한 금액을 그 세액으로 하는 것으로만 모두 묶은 것은? (단, 취득물건은 「지방세법」 제11조 제1항 제8호에 따른 주택 외의 부동산이며 취득세 중과대상이 아님) 제28회

> ⊙ 환매등기를 병행하는 부동산의 매매로서 환매기간 내에 매도자가 환매한 경우의 그 매도자와 매수자의 취득
> ⊙ 존속기간이 1년을 초과하는 임시건축물의 취득
> ⊙ 「민법」 제839조의2에 따라 이혼시 재산분할로 인한 취득
> ⊙ 등기부등본상 본인 지분을 초과하지 않는 공유물의 분할로 인한 취득

① ㉠, ㉡
② ㉡, ㉣
③ ㉢, ㉣
④ ㉠, ㉡, ㉢
⑤ ㉠, ㉢, ㉣

톺아보기

보기 중 취득세 표준세율에서 중과기준세율을 뺀 세율이 적용되는 것은 ㉠㉢㉣이다.
㉡ 존속기간이 1년을 초과하는 임시건축물(사치성 재산 제외)의 경우에는 중과기준세율(1,000분의 20)이 적용된다.

정답 | 14 ⑤

더 알아보기

1. **표준세율에서 중과기준세율(2%)을 뺀 세율을 적용하는 경우**
   ㉠ 환매등기를 병행하는 부동산의 매매로서 환매기간 내에 매도자가 환매한 경우의 그 매도자와 매수자의 취득
   ㉡ 상속으로 인한 취득 중 다음의 어느 하나에 해당하는 취득
     - 대통령령으로 정하는 1가구 1주택 및 그 부속토지의 취득
     - 「지방세특례제한법」 규정에 따라 취득세의 감면대상이 되는 농지의 취득
   ㉢ 법인의 합병으로 인한 취득
   ㉣ 공유물·합유물의 분할 또는 「부동산 실권리자명의 등기에 관한 법률」에서 규정하고 있는 부동산의 공유권 해소를 위한 지분이전으로 인한 취득(등기부등본상 본인 지분을 초과하는 부분의 경우에는 제외). 다만, 이 경우 공유물을 분할한 후 분할된 부동산에 대한 단독 소유권을 취득하는 경우의 과세표준은 단독 소유권을 취득한 그 분할된 부동산 전체의 시가표준액
   ㉤ 건축물의 이전으로 인한 취득(이전한 건축물의 가액이 종전 건축물의 가액을 초과하는 경우에는 초과액은 제외)
   ㉥ 「민법」 제834조, 제839조의2 및 제840조에 따른 재산분할로 인한 취득
   ㉦ 벌채하여 원목을 생산하기 위한 입목의 취득

2. **중과기준세율(2%)을 적용하는 경우**
   ㉠ 건축물의 개수로 인한 취득(다만, 개수로 인하여 면적이 증가한 경우는 제외)
   ㉡ 선박·차량과 기계장비의 종류변경 및 토지의 지목변경에 의한 가액 증가
   ㉢ 법인의 주식 또는 지분을 취득함으로써 과점주주가 되어 해당 법인의 부동산 등을 취득한 것으로 보는 경우의 과점주주의 취득
   ㉣ 레저시설, 저장시설, 도크시설, 접안시설, 도관시설, 급수·배수시설 및 에너지 공급시설의 취득 등
   ㉤ 「지방세법」 제7조 제14항 본문(택지공사가 준공된 토지에 정원 또는 부속시설물 등을 조성·설치하는 경우)에 따른 토지의 소유자의 취득
   ㉥ 무덤과 이에 접속된 부속시설물의 부지로 사용되는 토지로서 지적공부상 지목이 묘지인 토지의 취득
   ㉦ 존속기간이 1년을 초과하는 임시건축물의 취득
   ㉧ 건축물을 건축하여 취득하는 경우로서 그 건축물에 대하여 소유권의 보존등기 또는 소유권의 이전등기에 대한 등록면허세 납세의무가 성립한 후 취득시기가 도래하는 건축물의 취득

15. 「지방세법」상 취득세의 표준세율이 가장 높은 것은? (단, 「지방세특례제한법」은 고려하지 않음)

제30회 수정

① 상속으로 건물(주택 아님)을 취득한 경우
② 「사회복지사업법」에 따라 설립된 사회복지법인이 독지가의 기부에 의하여 건물을 취득한 경우
③ 영리법인이 공유수면을 매립하여 농지를 취득한 경우
④ 유상거래를 원인으로 「지방세법」 제10조에 따른 취득 당시의 가액이 7억 5,000만원인 주택(조정대상지역 내 1세대 1주택인 「주택법」에 의한 주택으로서 등기부에 주택으로 기재된 주거용 건축물과 그 부속토지)을 취득한 경우
⑤ 유상거래를 원인으로 농지를 취득한 경우

톺아보기

⑤ 유상거래를 원인으로 농지를 취득한 경우: 3%

오답해설

① 상속으로 건물(주택 아님)을 취득한 경우: 2.8%
② 「사회복지사업법」에 따라 설립된 사회복지법인이 독지가의 기부에 의하여 건물을 취득한 경우: 2.8%
③ 영리법인이 공유수면을 매립하여 농지를 취득한 경우: 2.8%
④ 유상거래를 원인으로 「지방세법」 제10조에 따른 취득 당시의 가액이 7억 5,000만원인 조정대상지역 내 1세대 1주택(「주택법」에 의한 주택으로서 등기부에 주택으로 기재된 주거용 건축물과 그 부속토지)을 취득한 경우: 2%

🔍 $Y = \left(7억\ 5{,}000만원 \times \dfrac{2}{3억원} - 3\right) \times \dfrac{1}{100}$ 이므로 표준세율은 2%이다.

정답 | 15 ⑤

더 알아보기

유상승계취득의 취득세 표준세율 및 다주택 취득에 대한 중과세율

1. 일반적인 경우

농지	1,000분의 30
농지 이외	1,000분의 40

2. 주택 유상취득시 표준세율

주택	6억원 이하	1,000분의 10
	6억원 초과 9억원 이하	$Y^* = \left(해당\ 주택의\ 취득\ 당시\ 가액 \times \dfrac{2}{3억원} - 3 \right) \times \dfrac{1}{100}$
	9억원 초과	1,000분의 30

* Y: 세율(단위: %), 소수점 이하 다섯째 자리에서 반올림하여 소수점 넷째 자리까지 계산한다.

3. 1세대 2주택 및 3주택, 4주택 이상 취득시 중과세율

	구분	세율	
		조정대상지역 내	조정대상지역 외
개인	1세대 2주택 (일시적 1세대 2주택은 제외)	8% (4% + 중과기준세율 × 2배)	1~3%
	1세대 3주택	12% (4% + 중과기준세율 × 4배)	8% (4% + 중과기준세율 × 2배)
	1세대 4주택	12% (4% + 중과기준세율 × 4배)	12% (4% + 중과기준세율 × 4배)
법인		12% (4% + 중과기준세율 × 4배)	

16. 「지방세법」상 취득세에 관한 설명으로 틀린 것은?   제32회

① 「도시 및 주거환경정비법」에 따른 재건축조합이 재건축사업을 하면서 조합원으로부터 취득하는 토지 중 조합원에게 귀속되지 아니하는 토지를 취득하는 경우에는 같은 법에 따른 소유권이전 고시일의 다음 날에 그 토지를 취득한 것으로 본다.
② 취득세 과세물건을 취득한 후에 그 과세물건이 중과세율의 적용대상이 되었을 때에는 취득한 날부터 60일 이내에 중과세율을 적용하여 산출한 세액에서 이미 납부한 세액(가산세 포함)을 공제한 금액을 신고하고 납부하여야 한다.
③ 대한민국 정부기관의 취득에 대하여 과세하는 외국정부의 취득에 대해서는 취득세를 부과한다.
④ 상속으로 인한 취득의 경우에는 상속개시일에 취득한 것으로 본다.
⑤ 부동산의 취득은 「민법」 등 관계 법령에 따른 등기·등록 등을 하지 아니한 경우라도 사실상 취득하면 취득한 것으로 본다.

톺아보기

★ 취득세 과세물건을 취득한 후에 그 과세물건이 중과세율의 적용대상이 되었을 때에는 중과세대상이 된 날부터 60일 이내에 중과세율을 적용하여 산출한 세액에서 이미 납부한 세액(가산세 제외)을 공제한 금액을 신고하고 납부하여야 한다.

더 알아보기

취득세 신고기한

1. 일반적인 경우

   취득세 과세물건을 취득한 자는 그 취득한 날[「부동산 거래신고 등에 관한 법률」 제10조 제1항에 따른 토지거래계약에 관한 허가구역에 있는 토지를 취득하는 경우로서 같은 법 제11조에 따른 토지거래계약에 관한 허가를 받기 전에 거래대금을 완납한 경우에는 그 허가일(허가구역의 지정해제일 또는 축소일)]부터 60일 이내에 그 과세표준에 세율을 적용하여 산출한 세액을 신고하고 납부하여야 한다.

2. 무상취득의 경우

   - 상속으로 인한 경우는 상속개시일이 속하는 달의 말일로부터, 실종으로 인한 경우는 실종선고일이 속하는 달의 말일부터 각각 6개월(외국에 주소를 둔 상속인이 있는 경우에는 각각 9개월) 이내에 그 과세표준에 세율을 적용하여 산출한 세액을 신고하고 납부하여야 한다.
   - 증여(부담부증여 포함)로 인한 취득의 경우에는 취득일이 속하는 달의 말일로부터 3개월 이내에 신고하고 납부하여야 한다.

정답 | 16 ②

3. 추가신고납부
- 취득 후 중과세대상이 된 경우: 취득세 과세물건을 취득한 후 그 과세물건이 중과세대상이 되었을 때에는 중과세대상이 된 날부터 60일 이내에 중과세율을 적용하여 산출한 세액에서 이미 납부한 세액(가산세 제외)을 공제한 금액을 세액으로 하여 신고하고 납부하여야 한다.
- 취득 후 부과대상·추징대상이 된 경우: 취득세를 비과세, 과세면제 또는 경감받은 후에 해당 과세물건이 취득세 부과대상 또는 추징대상이 되었을 때에는 그 사유발생일부터 60일 이내에 해당 과세표준에 취득세 세율을 적용하여 산출한 세액[경감받은 경우에는 이미 납부한 세액(가산세 제외)을 공제한 세액]을 신고하고 납부하여야 한다.

4. 등기·등록을 하는 경우
   1.부터 3.까지의 신고·납부기한 이내라도 재산권과 그 밖의 권리의 취득·이전에 관한 사항을 공부에 등기하거나 등록(등재 포함)을 하려는 경우에는 등기·등록의 신청서를 등기등록관서에 접수하는 날까지 취득세를 신고하고 납부하여야 한다.

17

「지방세법」상 신탁(「신탁법」에 따른 신탁으로서 신탁등기가 병행되는 것임)으로 인한 신탁재산의 취득으로서 취득세를 부과하는 경우는 모두 몇 개인가? 제29회

○ 위탁자로부터 수탁자에게 신탁재산을 이전하는 경우
○ 신탁의 종료로 인하여 수탁자로부터 위탁자에게 신탁재산을 이전하는 경우
○ 수탁자가 변경되어 신수탁자에게 신탁재산을 이전하는 경우
② 「주택법」에 따른 주택조합이 비조합원용 부동산을 취득하는 경우

① 0개　　② 1개　　③ 2개
④ 3개　　⑤ 4개

톺아보기

보기 중 해당하는 것은 ② 1개이다.
○○○은 신탁(「신탁법」에 따른 신탁으로서 신탁등기가 병행되는 것만 해당)으로 인한 취득세를 부과하지 아니한다.

더 알아보기

취득세를 부과하는 경우
- 신탁재산의 취득 중 주택조합 등과 조합원간의 부동산취득 및 주택조합 등의 비조합원용 부동산취득은 과세
- 명의신탁 또는 명의신탁해지로 인한 취득은 과세
- 「신탁법」에 따른 신탁재산인 부동산을 수탁자로부터 수익자에게 이전하는 경우의 취득은 취득세를 유상승계취득의 표준세율을 적용하여 과세

18 「지방세법」상 취득세의 부과·징수에 관한 설명으로 옳은 것은? 제33회

① 취득세의 징수는 보통징수의 방법으로 한다.
② 상속으로 취득세 과세물건을 취득한 자는 상속개시일부터 60일 이내에 산출한 세액을 신고하고 납부하여야 한다.
③ 신고·납부기한 이내에 재산권과 그 밖의 권리의 취득·이전에 관한 사항을 공부에 등기하거나 등록(등재 포함)하려는 경우에는 등기 또는 등록신청서를 등기·등록관서에 접수하는 날까지 취득세를 신고·납부하여야 한다.
④ 취득세 과세물건을 취득한 후에 그 과세물건이 중과세율의 적용대상이 되었을 때에는 중과세율을 적용하여 산출한 세액에서 이미 납부한 세액(가산세 포함)을 공제한 금액을 세액으로 하여 신고·납부하여야 한다.
⑤ 법인의 취득당시가액을 증명할 수 있는 장부가 없는 경우 지방자치단체의 장은 그 산출된 세액의 100분의 20을 징수하여야 할 세액에 가산한다.

톺아보기

오답해설

① 취득세의 징수는 원칙적으로 신고납부의 방법으로 한다.
★ ② 상속으로 취득세 과세물건을 취득한 자는 상속개시일이 속하는 달의 말일로부터 6개월(상속인 가운데 외국에 주소를 둔 자가 있는 경우에는 9개월) 이내에 산출한 세액을 신고하고 납부하여야 한다.
④ 취득세 과세물건을 취득한 후에 그 과세물건이 중과세율의 적용대상이 되었을 때에는 중과세율을 적용하여 산출한 세액에서 이미 납부한 세액(가산세 제외)을 공제한 금액을 세액으로 하여 신고·납부하여야 한다.
⑤ 법인의 취득당시가액을 증명할 수 있는 장부가 없는 경우 지방자치단체의 장은 그 산출된 세액의 100분의 10을 징수하여야 할 세액에 가산한다.

정답 | 17 ② 18 ③

19 「지방세법」상 취득세에 관한 설명으로 틀린 것은?

제28회 수정

① 지방자치단체에 기부채납을 조건으로 부동산을 취득하는 경우라도 그 반대급부로 기부채납 대상물의 무상사용권을 제공받는 때에는 그 해당 부분에 대해서는 취득세를 부과한다.

② 상속(피상속인이 상속인에게 한 유증 및 포괄유증과 신탁재산의 상속 포함)으로 인하여 취득하는 경우에는 상속인 각자가 상속받는 취득물건(지분을 취득하는 경우에는 그 지분에 해당하는 취득물건을 말함)을 취득한 것으로 본다.

③ 부동산 등을 유상거래로 승계취득하는 경우 취득당시가액은 취득시기 이전에 해당 물건을 취득하기 위하여 납세의무자(「신탁법」에 따른 신탁의 방식으로 해당 물건을 취득하는 경우에는 같은 법에 따른 위탁자 등 법령에 정하는 자 포함)가 거래 상대방이나 제3자에게 지급하였거나 지급하여야 할 일체의 비용으로서 대통령령으로 정하는 사실상의 취득가격으로 한다.

④ 무상승계취득한 취득물건을 취득일에 등기·등록한 후 화해조서·인낙조서에 의하여 취득일부터 60일 이내에 계약이 해제된 사실을 입증하는 경우에는 취득한 것으로 보지 아니한다.

⑤ 「주택법」 제2조 제3호에 따른 공동주택의 개수(「건축법」 제2조 제1항 제9호에 따른 대수선은 제외함)로 인한 취득 중 개수로 인한 취득 당시 「지방세법」 제4조에 따른 주택의 시가표준액이 9억원 이하인 주택과 관련된 개수로 인한 취득에 대해서는 취득세를 부과하지 아니한다.

톺아보기

④ 무상승계취득한 취득물건을 취득일에 등기·등록하지 아니하고 화해조서·인낙조서 등에 의하여 취득일로부터 취득일이 속하는 달의 말일부터 3개월 이내에 계약이 해제된 사실을 입증하는 경우에는 취득한 것으로 보지 아니한다. 그러므로 등기·등록이 된 경우에는 취득한 것으로 본다.

★ ① 지방자치단체에 기부채납을 조건으로 부동산을 취득하는 경우라도 그 반대급부로 기부채납 대상물의 무상사용권을 제공받는 때에는 그 해당 부분에 대해서는 취득세를 부과한다.

★ ② 상속(피상속인이 상속인에게 한 유증 및 포괄유증과 신탁재산의 상속 포함)으로 인하여 취득하는 경우에는 상속인 각자가 상속받는 취득물건(지분을 취득하는 경우에는 그 지분에 해당하는 취득물건을 말함)을 취득한 것으로 본다.

20 상중하

지방세법령상 취득세에 관한 설명으로 틀린 것은? (단, 지방세특례제한법령은 고려하지 않음) 제35회

① 대한민국 정부기관의 취득에 대하여 과세하는 외국정부의 취득에 대해서는 취득세를 부과한다.
② 토지의 지목을 사실상 변경함으로써 그 가액이 증가한 경우에는 취득으로 본다.
③ 국가에 귀속의 반대급부로 영리법인이 국가 소유의 부동산을 무상으로 양여받는 경우에는 취득세를 부과하지 아니한다.
④ 영리법인이 취득한 임시흥행장의 존속기간이 1년을 초과하는 경우에는 취득세를 부과한다.
⑤ 신탁(「신탁법」에 따른 신탁으로서 신탁등기가 병행되는 것만 해당한다)으로 인한 신탁재산의 취득 중 주택조합 등과 조합원간의 부동산취득에 대해서는 취득세를 부과한다.

톺아보기

국가에 귀속의 반대급부로 영리법인이 국가 소유의 부동산을 무상으로 양여받는 경우에는 취득세를 부과한다.

21 「지방세법」상 취득세가 부과되지 않는 것은? 제30회

① 「주택법」에 따른 공동주택의 개수(「건축법」에 따른 대수선 제외)로 인한 취득 중 개수로 인한 취득 당시 주택의 시가표준액이 9억원 이하인 경우
② 형제간에 부동산을 상호교환한 경우
③ 직계존속으로부터 거주하는 주택을 증여받은 경우
④ 파산선고로 인하여 처분되는 부동산을 취득한 경우
⑤ 「주택법」에 따른 주택조합이 해당 조합원용으로 조합주택용 부동산을 취득한 경우

톺아보기

「주택법」에 따른 공동주택의 개수(「건축법」에 따른 대수선 제외)로 인한 취득 중 개수로 인한 취득 당시 주택의 시가표준액이 9억원 이하인 경우 취득세를 부과하지 아니한다.

22 「지방세법」상 취득세에 관한 설명으로 옳은 것은? 제31회 수정

① 국가 및 외국정부의 취득에 대해서는 취득세를 부과한다.
② 토지의 지목변경에 따른 취득은 토지의 지목이 사실상 변경된 날을 취득일로 본다.
③ 국가가 취득세 과세물건을 매각하면 매각일부터 60일 이내에 지방자치단체의 장에게 신고하여야 한다.
④ 부동산 등을 원시취득하는 경우 취득당시가액은 사실상 취득가격으로 하지만, 법인이 아닌 자가 건축물을 건축하여 취득하는 경우로서 사실상 취득가격을 확인할 수 없는 경우의 취득당시가액은 시가인정액으로 한다.
⑤ 토지를 취득한 자가 그 취득한 날부터 1년 이내에 그에 인접한 토지를 취득한 경우 그 전후의 취득에 관한 토지의 취득을 1건의 토지 취득으로 보아 취득세에 대한 면세점을 적용한다.

톺아보기

오답해설
① 국가 및 외국정부의 취득에 대해서는 취득세를 부과하지 않는다.
② 토지의 지목변경에 따른 취득은 토지의 지목이 사실상 변경된 날과 공부상 변경된 날 중 빠른 날을 취득일로 본다. 다만, 토지의 지목변경일 이전에 사용하는 부분에 대해서는 그 사실상의 사용일을 취득일로 본다.
③ 국가가 취득세 과세물건을 매각하면 매각일부터 30일 이내에 지방자치단체의 장에게 신고하여야 한다.
④ 부동산 등을 원시취득하는 경우 취득당시가액은 사실상 취득가격으로 하지만, 법인이 아닌 자가 건축물을 건축하여 취득하는 경우로서 사실상 취득가격을 확인할 수 없는 경우의 취득당시가액은 시가표준액으로 한다.

23 「지방세법」상 취득세에 관한 설명으로 옳은 것은?

제33회 수정

① 건축물 중 부대설비에 속하는 부분으로서 그 주체구조부와 하나가 되어 건축물로서의 효용가치를 이루고 있는 것에 대하여는 주체구조부 취득자 외의 자가 가설한 경우에도 주체구조부의 취득자가 함께 취득한 것으로 본다.
② 세대별 소유주택 수에 따른 중과세율을 적용함에 있어 주택으로 재산세를 과세하는 오피스텔(2025년 취득)은 해당 오피스텔을 소유한 자의 주택 수에 가산하지 아니한다.
③ 납세의무자가 토지의 지목을 사실상 변경한 후 산출세액에 대한 신고를 하지 아니하고 그 토지를 매각하는 경우에는 산출세액에 100분의 80을 가산한 금액을 세액으로 하여 징수한다.
④ 공사현장사무소 등 임시건축물의 취득에 대하여는 그 존속기간에 관계없이 취득세를 부과하지 아니한다.
⑤ 토지를 취득한 자가 취득한 날부터 1년 이내에 그에 인접한 토지를 취득한 경우 그 취득가액이 100만원일 때에는 취득세를 부과하지 아니한다.

톺아보기

[오답해설]
② 세대별 소유주택 수에 따른 중과세율을 적용함에 있어 주택으로 재산세를 과세하는 오피스텔(2024년 취득)은 해당 오피스텔을 소유한 자의 주택 수에 가산한다.
★ ③ 토지지목변경 등 간주취득의 경우에는 취득세 중가산세(산출세액에 100분의 80을 가산한 금액) 규정을 적용하지 아니한다.
★ ④ 공사현장사무소 등 임시건축물의 취득에 대하여는 그 존속기간이 1년 이내인 경우에는 취득세를 비과세하지만, 존속기간이 1년을 초과하는 경우에는 중과기준세율을 적용하여 과세한다.
⑤ 토지를 취득한 자가 취득한 날부터 1년 이내에 그에 인접한 토지를 취득한 경우 그 취득가액이 50만원 이하인 경우에 취득세를 부과하지 아니하므로, 취득가액이 100만원인 경우에 취득세를 부과한다.

정답 | 21 ① 22 ⑤ 23 ①

제2장 / 등록면허세

기본서 p.154~168

01 상중하

「지방세법」상 등록면허세가 과세되는 등록 또는 등기가 아닌 것은? (단, 2025년 1월 1일 이후 등록 또는 등기한 것으로 가정함) 제29회 수정

① 광업권의 취득에 따른 등록
② 외국인 소유의 선박을 직접 사용하기 위하여 연부취득 조건으로 수입하는 선박의 등록
③ 취득세 부과제척기간이 경과한 주택의 등기
④ 취득가액이 50만원 이하인 차량의 등록
⑤ 계약상의 잔금지급일을 2024년 12월 1일로 하는 부동산(취득가액 1억원)의 소유권이전등기

톺아보기

계약상의 잔금지급일을 2024년 12월 1일로 하는 부동산(취득가액 1억원)의 소유권이전등기는 취득을 원인으로 하는 등기이므로 취득세가 과세되며, 등록에 대한 등록면허세는 과세되지 않는다. 다만, 취득을 원인으로 하는 경우에도 등록면허세가 과세되는 경우는 다음과 같다.
- 광업권, 어업권 및 양식업권의 취득에 따른 등록
- 외국인 소유의 취득세 과세대상 물건(차량, 기계장비, 항공기 및 선박만 해당)의 연부취득에 따른 등기 또는 등록
- 「지방세기본법」 제38조에 따른 취득세 부과제척기간이 경과한 물건의 등기 또는 등록
- 취득세 면세점에 해당하는 물건의 등기 또는 등록

02 「지방세법」상 등록면허세에 관한 설명으로 틀린 것은? 제30회

① 부동산등기에 대한 등록면허세의 납세지는 부동산 소재지이다.
② 등록을 하려는 자가 법정신고기한까지 등록면허세 산출세액을 신고하지 않은 경우로서 등록 전까지 그 산출세액을 납부한 때에도 「지방세기본법」에 따른 무신고가산세가 부과된다.
③ 등기 담당 공무원의 착오로 인한 지번의 오기에 대한 경정 등기에 대해서는 등록면허세를 부과하지 아니한다.
④ 채권금액으로 과세액을 정하는 경우에 일정한 채권금액이 없을 때에는 채권의 목적이 된 것의 가액 또는 처분의 제한의 목적이 된 금액을 그 채권금액으로 본다.
⑤ 「한국은행법」및「한국수출입은행법」에 따른 은행업을 영위하기 위하여 대도시에서 법인을 설립함에 따른 등기를 한 법인이 그 등기일로부터 2년 이내에 업종변경이나 업종추가가 없는 때에는 등록면허세의 세율을 중과하지 아니한다.

톺아보기

등록을 하려는 자가 법정신고기한까지 등록면허세 산출세액을 신고하지 않은 경우로서 등록 전까지 그 산출세액을 납부한 때에도 「지방세기본법」에 따른 무신고가산세가 부과되지 아니한다.

정답 | 01 ⑤ 02 ②

03 지방세법령상 등록에 대한 등록면허세에 관한 설명으로 틀린 것은? (단, 지방세관계법령상 감면 및 특례는 고려하지 않음) 제34회

① 같은 등록에 관계되는 재산이 둘 이상의 지방자치단체에 걸쳐 있어 등록면허세를 지방자치단체별로 부과할 수 없을 때에는 등록관청 소재지를 납세지로 한다.

② 지방자치단체의 장은 조례로 정하는 바에 따라 등록면허세의 세율을 부동산 등기에 따른 표준세율의 100분의 50의 범위에서 가감할 수 있다.

③ 주택의 토지와 건축물을 한꺼번에 평가하여 토지나 건축물에 대한 과세표준이 구분되지 아니하는 경우에는 한꺼번에 평가한 개별주택가격을 토지나 건축물의 가액 비율로 나눈 금액을 각각 토지와 건축물의 과세표준으로 한다.

④ 부동산의 등록에 대한 등록면허세의 과세표준은 등록자가 신고한 당시의 가액으로 하고, 신고가 없거나 신고가액이 시가표준액보다 많은 경우에는 시가표준액으로 한다.

⑤ 채권자대위자는 납세의무자를 대위하여 부동산의 등기에 대한 등록면허세를 신고납부할 수 있다.

톺아보기

부동산의 등록에 대한 등록면허세의 과세표준은 등록자가 등록한 당시의 신고한 가액으로 하고, 신고가 없거나 신고가액이 시가표준액보다 적은 경우에는 시가표준액으로 한다.

더 알아보기

부동산가액에 따른 과세표준

- 원칙: (등록 당시) 신고가액
- 예외: (무신고 또는 신고가액이 시가표준액보다 적은 경우) 등록 당시의 시가표준액
- 취득을 원인으로 하는 등록의 경우: 취득을 원인으로 하는 등록의 경우 취득원인에 따른 취득세 과세표준 규정에서 정하는 취득당시가액을 과세표준으로 하지만, 취득세 부과제척기간이 경과한 물건의 등기 또는 등록의 경우에는 등록 당시의 가액과 「지방세법」 제10조의2부터 제10조의6까지에서 정하는 취득당시가액 중 높은 가액을 과세표준으로 한다.
- 다만, 등기·등록 당시에 자산재평가 또는 감가상각 등의 사유로 그 가액이 달라진 경우에는 변경된 가액(등기일 또는 등록일 현재 법인장부 또는 결산서 등으로 증명되는 가액)을 과세표준으로 한다.

04 상중하

「지방세법」상 부동산 등기에 대한 등록면허세의 표준세율로서 틀린 것은? (단, 부동산등기에 대한 표준세율을 적용하여 산출한 세액이 그 밖의 등기 또는 등록세율보다 크다고 가정하며, 중과세 및 비과세와「지방세특례제한법」은 고려하지 않음) 제31회

① 소유권보존: 부동산가액의 1,000분의 8
② 가처분: 부동산가액의 1,000분의 2
③ 지역권설정: 요역지가액의 1,000분의 2
④ 전세권이전: 전세금액의 1,000분의 2
⑤ 상속으로 인한 소유권이전: 부동산가액의 1,000분의 8

톺아보기

가처분등기의 등록면허세의 표준세율은 채권금액의 1,000분의 2이다.

더 알아보기

구분		과세표준	세율
소유권의 보존등기		부동산가액	1,000분의 8*
소유권의 이전등기	유상**	부동산가액	1,000분의 20
	상속		1,000분의 8
	상속 외의 무상		1,000분의 15
소유권 외의 물권과 임차권의 설정 및 이전등기	가등기	부동산가액 또는 채권금액	1,000분의 2
	지상권***	부동산가액	
	지역권	요역지가액	
	전세권	전세금액	
	임차권	월 임대차금액	
	저당권, 경매신청, 가압류, 가처분	채권금액	
그 밖의 등기(말소 · 변경등기)		매 1건당	6,000원

* **최저한세**: 소유권 및 물권과 임차권의 설정 및 이전에 따라 산출한 세액이 그 밖의 등기 또는 등록(말소 · 변경등기)세율보다 적을 때에는 그 밖의 등기 또는 등록세율(6,000원)을 적용한다.
** **유상으로 인한 소유권이전등기**: 부동산가액의 1,000분의 20. 다만, 「지방세법」 제11조 제1항 제8호에 따른 유상거래로 인한 주택 취득시 세율을 적용받는 주택의 경우에는 해당 주택의 취득세율에 100분의 50을 곱한 세율을 적용하여 산출한 금액을 그 세액으로 한다.
*** 구분지상권의 경우에는 해당 토지의 지하 또는 지상공간의 사용에 따른 건축물의 이용저해율, 지하 부분의 이용저해율 및 그 밖의 이용저해율 등을 고려하여 행정안전부장관이 정하는 기준에 따라 특별자치시장 · 특별자치도지사 · 시장 · 군수 또는 구청장이 산정한 해당 토지가액의 1,000분의 2로 한다.

정답 | 03 ④ 04 ②

「지방세법」상 등록에 대한 등록면허세에 관한 설명으로 틀린 것은? 제33회

① 채권금액으로 과세액을 정하는 경우에 일정한 채권금액이 없을 때에는 채권의 목적이 된 것의 가액 또는 처분의 제한의 목적이 된 금액을 그 채권금액으로 본다.
② 같은 채권의 담보를 위하여 설정하는 둘 이상의 저당권을 등록하는 경우에는 이를 하나의 등록으로 보아 그 등록에 관계되는 재산을 처음 등록하는 등록관청 소재지를 납세지로 한다.
③ 부동산 등기에 대한 등록면허세의 납세지가 분명하지 아니한 경우에는 등록관청 소재지를 납세지로 한다.
④ 지상권 등기의 경우에는 특별징수의무자가 징수할 세액을 납부기한까지 부족하게 납부하면 특별징수의무자에게 과소납부분 세액의 100분의 1을 가산세로 부과한다.
⑤ 지방자치단체의 장은 채권자대위자의 부동산의 등기에 대한 등록면허세 신고납부가 있는 경우 납세의무자에게 그 사실을 즉시 통보하여야 한다.

톺아보기

④ 특허권 등의 등록면허세 특별징수의무자가 징수하였거나 징수할 세액을 기한까지 납부하지 아니하거나 부족하게 납부하더라도 특별징수의무자에게 「지방세기본법」 제56조에 따른 가산세는 부과하지 아니한다.
★ ⑤ 지방자치단체의 장은 채권자대위자의 부동산의 등기에 대한 등록면허세 신고납부가 있는 경우 납세의무자에게 그 사실을 즉시 통보하여야 한다.

「지방세법」상 등록면허세에 관한 설명으로 틀린 것은?

① 같은 등록에 관계되는 재산이 둘 이상의 지방자치단체에 걸쳐 있어 등록면허세를 지방자치단체별로 부과할 수 없을 때에는 등록관청 소재지를 납세지로 한다.
② 「여신전문금융업법」 제2조 제12호에 따른 할부금융업을 영위하기 위하여 대도시에서 법인을 설립함에 따른 등기를 할 때에는 그 세율을 해당 표준세율의 100분의 300으로 한다. 단, 그 등기일부터 2년 이내에 업종변경이나 업종추가는 없다.
③ 무덤과 이에 접속된 부속시설물의 부지로 사용되는 토지로서 지적공부상 지목이 묘지인 토지에 관한 등기에 대하여는 등록면허세를 부과하지 아니한다.
④ 재산권 기타 권리의 설정·변경 또는 소멸에 관한 사항을 공부에 등기 또는 등록을 받는 등기·등록부상에 기재된 명의자는 등록면허세를 납부할 의무를 진다.
⑤ 지방자치단체의 장은 조례로 정하는 바에 따라 등록면허세의 세율을 부동산등기에 대한 표준세율의 100분의 50의 범위에서 가감할 수 있다.

톺아보기

대도시에서 법인을 설립함에 따른 등기는 그 세율을 해당 표준세율의 100분의 300으로 한다. 다만, 「여신전문금융업법」 제2조 제12호에 따른 할부금융업을 영위하기 위한 경우에는 중과세 제외업종에 해당하므로 중과세하지 않는다.

07 「지방세법」상 등록면허세에 관한 설명으로 옳은 것은? 제26회

① 부동산등기에 대한 등록면허세 납세지는 부동산 소유자의 주소지이다.
② 등록을 하려는 자가 신고의무를 다하지 않은 경우 등록면허세 산출세액을 등록하기 전까지 납부하였을 때에는 신고·납부한 것으로 보지만 무신고가산세가 부과된다.
③ 상속으로 인한 소유권이전등기의 세율은 부동산가액의 1,000분의 15로 한다.
④ 부동산을 등기하려는 자는 과세표준에 세율을 적용하여 산출한 세액을 등기를 하기 전까지 납세지를 관할하는 지방자치단체의 장에게 신고·납부하여야 한다.
⑤ 대도시 밖에 있는 법인의 본점이나 주사무소를 대도시로 전입함에 따른 등기는 법인등기에 대한 세율의 100분의 200을 적용한다.

톺아보기

[오답해설]
① 부동산등기에 대한 등록면허세 납세지는 부동산 소재지이다.
② 등록을 하려는 자가 신고의무를 다하지 않은 경우 등록면허세 산출세액을 등록하기 전까지 납부하였을 때에는 신고하고 납부한 것으로 본다. 이 경우 가산세는 적용되지 아니한다.
③ 상속으로 인한 소유권이전등기의 표준세율은 부동산가액의 1,000분의 8이다.
⑤ 대도시 밖에 있는 법인의 본점이나 주사무소를 대도시로 전입함에 따른 등기는 법인등기에 대한 표준세율의 100분의 300을 적용한다.

08 거주자인 개인 乙은 甲이 소유한 부동산(시가 6억원)에 전세기간 2년, 전세보증금 3억원으로 하는 전세계약을 체결하고, 전세권설정등기를 하였다. 「지방세법」상 등록면허세에 관한 설명으로 옳은 것은? 제32회

① 과세표준은 6억원이다.
② 표준세율은 전세보증금의 1,000분의 8이다.
③ 납부세액은 6,000원이다.
④ 납세의무자는 乙이다.
⑤ 납세지는 甲의 주소지이다.

톺아보기

④ 전세권설정등기 납세의무자는 전세권자인 乙이다.

오답해설

① 전세권설정등기 과세표준은 전세보증금(전세금액) 3억원이다.
② 전세권설정등기 표준세율은 전세보증금의 1,000분의 2이다.
③ 납부세액은 600,000원(= 전세보증금 3억원 × 0.2%)이다.
⑤ 전세권설정등기의 등록면허세 납세지는 부동산 소재지이다.

09

「지방세법」상 등록면허세에 관한 설명으로 옳은 것은? 제31회

① 지방자치단체의 장은 등록면허세의 세율을 표준세율의 100분의 60의 범위에서 가감할 수 있다.
② 등록 당시에 감가상각의 사유로 가액이 달라진 경우 그 가액에 대한 증명여부에 관계없이 변경 전 가액을 과세표준으로 한다.
③ 부동산등록에 대한 신고가 없는 경우 취득 당시 시가표준액의 100분의 110을 과세표준으로 한다.
④ 지목이 묘지인 토지의 등록에 대하여 등록면허세를 부과한다.
⑤ 부동산등기에 대한 등록면허세의 납세지는 부동산 소재지로 하며, 납세지가 분명하지 아니한 경우에는 등록관청 소재지로 한다.

톺아보기

★ ⑤ 부동산등기에 대한 등록면허세의 납세지는 부동산 소재지로 하며, 납세지가 분명하지 아니한 경우에는 등록관청 소재지로 한다.

오답해설

① 지방자치단체의 장은 등록면허세의 세율을 표준세율의 100분의 50의 범위에서 가감할 수 있다.
② 등록 당시에 자산재평가 또는 감가상각 등의 사유로 그 가액이 달라진 경우에는 변경된 가액(등기일 또는 등록일 현재의 법인장부 또는 결산서 등으로 증명되는 가액)을 과세표준으로 한다.
③ 부동산등록에 대한 신고가 없는 경우 등록 당시 시가표준액을 과세표준으로 한다.
④ 지목이 묘지인 토지의 등록에 대하여 등록면허세를 부과하지 아니한다.

정답 | 07 ④ 08 ④ 09 ⑤

10 상중하

「지방세법」상 취득세 또는 등록면허세의 신고·납부에 관한 설명으로 옳은 것은? (단, 비과세 및 「지방세특례제한법」은 고려하지 않음) 제31회

① 상속으로 취득세 과세물건을 취득한 자는 상속개시일로부터 6개월 이내에 과세표준과 세액을 신고·납부하여야 한다.
② 취득세 과세물건을 취득한 후 중과세 대상이 되었을 때에는 표준세율을 적용하여 산출한 세액에서 이미 납부한 세액(가산세 포함)을 공제한 금액을 세액으로 하여 신고·납부하여야 한다.
③ 지목변경으로 인한 취득세 납세의무자가 신고를 하지 아니하고 매각하는 경우 산출세액에 100분의 80을 가산한 금액을 세액으로 하여 징수한다.
④ 등록을 하려는 자가 등록면허세 신고의무를 다하지 않고 산출세액을 등록 전까지 납부한 경우 「지방세기본법」에 따른 무신고가산세를 부과한다.
⑤ 등기·등록관서의 장은 등기 또는 등록 후에 등록면허세가 납부되지 아니하였거나 납부부족액을 발견한 경우에는 다음 달 10일까지 납세지를 관할하는 시장·군수·구청장에게 통보하여야 한다.

톺아보기

★ ⑤ 등기·등록관서의 장은 등기 또는 등록 후에 등록면허세가 납부되지 아니하였거나 납부부족액을 발견한 경우에는 다음 달 10일까지 납세지를 관할하는 시장·군수·구청장에게 통보하여야 한다.

[오답해설]
① 상속인이 국내에 주소를 둔 경우에 상속으로 취득세 과세물건을 취득한 자는 상속개시일이 속하는 달의 말일로부터 6개월 이내에 과세표준과 세액을 신고·납부하여야 한다. 외국에 주소를 둔 경우에는 9개월 이내이다.
② 취득세 과세물건을 취득한 후 중과세 대상이 되었을 때에는 중과세율을 적용하여 산출한 세액에서 이미 납부한 세액(가산세 제외)을 공제한 금액을 세액으로 하여 신고·납부하여야 한다.
③ 지목변경으로 인한 취득세 납세의무자가 신고를 하지 아니하고 매각하는 경우 중가산세(산출세액의 100분의 80)규정을 적용하지 아니한다.
④ 등록을 하려는 자가 등록면허세 신고의무를 다하지 않고 산출세액을 등록 전까지 납부한 경우 「지방세기본법」에 따른 무신고가산세 및 과소신고가산세를 부과하지 아니한다.

더 알아보기

취득세와 등록면허세의 신고납부

구분	내용
취득세	• 취득세 과세물건을 취득한 자는 그 취득한 날부터 60일 이내에 그 과세표준에 세율을 적용하여 산출한 세액을 신고하고 납부하여야 한다. • 「부동산 거래신고 등에 관한 법률」 제10조 제1항에 따른 토지거래계약에 관한 허가구역에 있는 토지를 취득하는 경우로서 같은 법 제11조에 따른 토지거래계약에 관한 허가를 받기 전에 거래대금을 완납한 경우에는 그 허가일(허가구역의 지정해제일 또는 축소일)부터 60일 이내에 그 과세표준에 세율을 적용하여 산출한 세액을 신고하고 납부하여야 한다. • 상속으로 인한 경우에는 상속개시일이 속하는 달의 말일로부터, 실종으로 인한 경우에는 실종선고일이 속하는 달의 말일로부터 각각 6개월(외국에 주소를 둔 상속인이 있는 경우에는 각각 9개월) 이내에 산출세액을 신고하고 납부하여야 한다. • 증여(부담부증여 포함) 등 무상취득(상속 제외): 취득일이 속하는 달의 말일로부터 3개월 이내에 신고하고 납부하여야 한다.
등록에 대한 등록면허세	등록을 하려는 자는 과세표준에 세율을 적용하여 산출한 세액을 등록을 하기 전까지 납세지를 관할하는 지방자치단체의 장에게 신고하고 납부하여야 한다.

11

지방세법령상 등록에 대한 등록면허세가 비과세되는 경우로 틀린 것은? 제34회 수정

① 지방자치단체조합이 자기를 위하여 받는 등록
② 무덤과 이에 접속된 부속시설물의 부지로 사용되는 토지로서 지적공부상 지목이 묘지인 토지에 관한 등기
③ 「채무자 회생 및 파산에 관한 법률」상 법원 사무관 등의 촉탁이나 등기소의 직권에 의해 이루어지는 등기·등록
④ 대한민국 정부기관의 등록에 대하여 과세하는 외국정부의 등록
⑤ 등기 담당 공무원의 착오로 인한 주소 등의 단순한 표시변경 등기

톺아보기

대한민국 정부기관의 등록에 대하여 과세하는 외국정부의 등록은 등록면허세를 과세한다.

정답 | 10 ⑤ 11 ④

제3장 / 재산세

01

「지방세법」상 재산세 표준세율이 초과누진세율로 되어 있는 재산세 과세대상을 모두 고른 것은?
제30회 수정

㉠ 별도합산과세대상 토지
㉡ 분리과세대상 토지
㉢ 광역시(군지역은 제외) 지역에서 「국토의 계획 및 이용에 관한 법률」과 그 밖의 관계 법령에 따라 지정된 주거지역의 대통령령으로 정하는 공장용 건축물
㉣ 주택(「지방세법」에 따른 별장 포함)

① ㉠, ㉡
② ㉠, ㉢
③ ㉠, ㉣
④ ㉡, ㉢
⑤ ㉢, ㉣

톺아보기

재산세 표준세율이 초과누진세율로 되어 있는 재산세 과세대상은 ㉠㉣이다.
㉠ 별도합산과세대상 토지: 0.2~0.4% 3단계 초과누진세율
㉡ 분리과세대상 토지: 0.07%, 0.2%, 4% 비례세율
㉢ 광역시(군지역은 제외) 지역에서 「국토의 계획 및 이용에 관한 법률」과 그 밖의 관계 법령에 따라 지정된 주거지역의 대통령령으로 정하는 공장용 건축물: 0.5% 비례세율
㉣ 주택(「지방세법」에 따른 별장 포함): 0.1~0.4% 4단계 초과누진세율

더 알아보기

과세대상별 토지의 구분 및 세율

구분	과세방법	세율
분리과세토지	개별 토지별 분리과세	저율(0.07%, 0.2%) 또는 고율(4%) 차등비례세율
종합합산과세토지	소유자별 기준으로 시·군·구별 합산과세	0.2~0.5% 3단계 초과누진세율
별도합산과세토지		0.2~0.4% 3단계 초과누진세율

02 「지방세법」상 토지에 대한 재산세를 부과함에 있어서 과세대상의 구분(종합합산과세대상, 별도합산과세대상, 분리과세대상)이 같은 것으로 묶인 것은?

제25회

㉠ 1990년 5월 31일 이전부터 종중이 소유하고 있는 임야
㉡ 「체육시설의 설치·이용에 관한 법률 시행령」에 따른 회원제 골프장이 아닌 골프장용 토지 중 원형이 보전되는 임야
㉢ 과세기준일 현재 계속 염전으로 실제 사용하고 있는 토지
㉣ 「도로교통법」에 따라 등록된 자동차운전학원의 자동차운전학원용 토지로서 같은 법에서 정하는 시설을 갖춘 구역 안의 토지

① ㉠, ㉡
② ㉡, ㉢
③ ㉡, ㉣
④ ㉠, ㉡, ㉢
⑤ ㉠, ㉢, ㉣

톺아보기

㉠㉢ 분리과세대상이다.
㉡㉣ 별도합산대상이다.

더 알아보기

별도합산과세대상 토지의 적용세율

별도합산과세대상 토지		적용세율
용도지역별 적용 배율을 곱하여 산정한 범위 안의 토지	특별시·광역시·특별자치도·특별자치시 및 시지역(읍·면지역, 산업단지 및 공업지역 제외) 안의 공장용 건축물의 부속토지	0.2~0.4% 3단계 초과누진세율
	영업용 건축물의 부속토지	
철거·멸실된 건축물 또는 주택의 부속토지		
별도합산과세하여야 할 상당한 이유가 있는 토지		

정답 | 01 ③ 02 ③

03 「지방세법」상 재산세 종합합산과세대상 토지는? 제29회 수정

① 「문화유산의 보존 및 활용에 관한 법률」에 따른 지정문화유산 안의 임야
② 국가가 국방상의 목적 외에는 그 사용 및 처분 등을 제한하는 공장 구내의 토지
③ 「건축법」 등 관계 법령에 따라 허가 등을 받아야 할 건축물로서 허가 등을 받지 아니한 공장용 건축물의 부속토지
④ 「자연공원법」에 따라 지정된 공원자연환경지구의 임야
⑤ 「개발제한구역의 지정 및 관리에 관한 특별조치법」에 따른 개발제한구역의 임야. 단, 1989년 12월 31일 이전부터 소유(1990년 1월 1일 이후에 해당 목장용지 및 임야를 상속받아 소유하는 경우와 법인합병으로 인하여 취득하여 소유하는 경우를 포함)하는 것으로 한정한다.

톺아보기

③ 「건축법」 등 관계 법령에 따라 허가 등을 받아야 할 건축물로서 허가 등을 받지 아니한 건축물의 부속토지는 종합합산과세대상 토지이다.

오답해설
①②④⑤ 분리과세대상 토지이다.

더 알아보기

종합합산과세대상 토지

- 지상건물이 없는 나대지
- 갈대밭·채석장·비행장 등 잡종지
- **농지**: 법인소유 농지, 경작에 사용하지 않는 농지, 주거·상업·공업지역 내 농지
- **목장**: 주거·상업·공업지역 내 목장, 기준면적 초과 목장
- **임야**: 분리과세 임야를 제외한 임야
- **공장용 건축물의 부속토지**: 기준면적 초과 공장용지
- **일반 건축물의 부속토지**: 기준면적 초과 토지
- 무허가 건축물의 부속토지
- 무허가 주거용 건축물의 면적이 50% 이상인 건축물의 부속토지
- 가액 미달(2%)의 저가격 건축물의 부속토지(바닥면적 제외)

04 「지방세법」상 재산세 과세대상의 구분에 있어 주거용과 주거 외의 용도를 겸하는 건물 등에 관한 설명으로 옳은 것을 모두 고른 것은? 제33회

> ㉠ 1동(棟)의 건물에 주거와 주거 외의 용도로 사용되고 있는 경우에는 주거용으로 사용되는 부분만을 주택으로 본다.
> ㉡ 1구(構)의 건물이 주거와 주거 외의 용도로 사용되고 있는 경우 주거용으로 사용되는 면적이 전체의 100분의 60인 경우에는 주택으로 본다.
> ㉢ 주택의 부속토지의 경계가 명백하지 아니한 경우에는 그 주택의 바닥면적의 10배에 해당하는 토지를 주택의 부속토지로 한다.

① ㉠
② ㉢
③ ㉠, ㉡
④ ㉡, ㉢
⑤ ㉠, ㉡, ㉢

톺아보기

㉠㉡㉢ 모두 옳은 지문이다.

정답 | 03 ③ 04 ⑤

05 「지방세법」상 재산세의 과세대상 및 납세의무자에 관한 설명으로 옳은 것은? (단, 비과세는 고려하지 않음) 제31회 수정

① 「신탁법」 제2조에 따른 수탁자의 명의로 등기 또는 등록된 신탁재산의 경우에는 위탁자가 재산세 납세의무자이다.
② 토지와 주택에 대한 재산세 과세대상은 종합합산과세대상, 별도합산과세대상 및 분리과세대상으로 구분한다.
③ 국가가 선수금을 받아 조성하는 매매용 토지로서 사실상 조성이 완료된 토지의 사용권을 무상으로 받은 자는 재산세를 납부할 의무가 없다.
④ 주택 부속토지의 경계가 명백하지 아니한 경우 그 주택의 바닥면적의 20배에 해당하는 토지를 주택의 부속토지로 한다.
⑤ 재산세 과세대상인 건축물의 범위에는 주택을 포함한다.

톺아보기

★ ① 「신탁법」 제2조에 따른 수탁자의 명의로 등기 또는 등록된 신탁재산의 경우에는 위탁자가 재산세 납세의무자이다.

[오답해설]
② 토지에 대한 재산세 과세대상은 종합합산과세대상, 별도합산과세대상 및 분리과세대상으로 구분한다.
③ 국가가 선수금을 받아 조성하는 매매용 토지로서 사실상 조성이 완료된 토지의 사용권을 무상으로 받은 자는 재산세를 납부할 의무가 있다.
④ 주택 부속토지의 경계가 명백하지 아니한 경우 그 주택의 바닥면적의 10배에 해당하는 토지를 주택의 부속토지로 한다.
⑤ 재산세 과세대상인 건축물의 범위에는 주택을 제외한다.

06 「지방세법」상 재산세의 과세기준일 현재 납세의무자에 관한 설명으로 틀린 것은?

제28회

① 공유재산인 경우 그 지분에 해당하는 부분(지분의 표시가 없는 경우에는 지분이 균등한 것으로 봄)에 대해서는 그 지분권자를 납세의무자로 본다.
② 소유권의 귀속이 분명하지 아니하여 사실상의 소유자를 확인할 수 없는 경우에는 그 사용자가 납부할 의무가 있다.
③ 지방자치단체와 재산세 과세대상 재산을 연부로 매매계약을 체결하고 그 재산의 사용권을 무상으로 받은 경우에는 그 매수계약자를 납세의무자로 본다.
④ 공부상에 개인 등의 명의로 등재되어 있는 사실상의 종중재산으로서 종중소유임을 신고하지 아니하였을 때에는 공부상 소유자를 납세의무자로 본다.
⑤ 상속이 개시된 재산으로서 상속등기가 이행되지 아니하고 사실상의 소유자를 신고하지 아니하였을 때에는 공동상속인 각자가 받았거나 받을 재산에 따라 납부할 의무를 진다.

톺아보기

상속이 개시된 재산으로서 상속등기가 이행되지 아니하고 사실상의 소유자를 신고하지 아니하였을 때에는 주된 상속자가 재산세 납세의무를 진다.

더 알아보기

재산세 납세의무자

원칙	사실상 소유자	과세기준일 현재 재산을 사실상 소유하는 자
	지분권자	공유재산(지분의 표시가 없는 경우 균등한 것으로 봄)
	주택의 건물과 부속토지의 소유자가 다른 경우	주택의 건물과 부속토지의 소유자가 다를 경우에는 그 주택에 대한 산출세액을 건축물과 그 부속토지의 시가표준액 비율로 안분계산한 부분에 대해서는 그 소유자를 납세의무자로 본다.
예외	공부상 소유자	• 권리의 변동 등의 사실을 신고하지 아니하여 사실상 소유자를 알 수 없는 경우 • 종중소유임을 신고하지 않은 경우 • 파산선고 이후 종결까지의 파산재단인 경우
	사용자	소유권의 귀속이 불분명한 경우
	매수계약자	국가 등과 연부매매계약을 체결하고 그 사용권을 무상으로 받은 경우
	위탁자	수탁자 명의로 등기·등록된 신탁재산
	주된 상속자	상속이 개시된 재산으로서 상속등기 ×, 사실상 소유자 신고 ×
	사업시행자	체비지 또는 보류지
	수입하는 자	외국인 소유의 항공기 또는 선박을 임차하여 수입하는 경우

정답 | 05 ① 06 ⑤

07 지방세법령상 재산세 과세기준일 현재 납세의무자로 틀린 것은?

제35회

① 공부상에 개인 등의 명의로 등재되어 있는 사실상의 종중재산으로서 종중소유임을 신고하지 아니하였을 경우: 종중
② 상속이 개시된 재산으로서 상속등기가 이행되지 아니하고 사실상의 소유자를 신고하지 아니하였을 경우: 행정안전부령으로 정하는 주된 상속자
③ 「도시 및 주거환경정비법」에 따른 정비사업(재개발사업만 해당한다)의 시행에 따른 환지계획에서 일정한 토지를 환지로 정하지 아니하고 체비지로 정한 경우: 사업시행자
④ 「채무자 회생 및 파산에 관한 법률」에 따른 파산선고 이후 파산종결의 결정까지 파산재단에 속하는 재산의 경우: 공부상 소유자
⑤ 지방자치단체와 재산세 과세대상 재산을 연부(年賦)로 매매계약을 체결하고 그 재산의 사용권을 무상으로 받은 경우: 그 매수계약자

톺아보기

공부상에 개인 등의 명의로 등재되어 있는 사실상의 종중재산으로서 종중소유임을 신고하지 아니하였을 경우: 공부상 소유자

08 「지방세법」상 재산세의 과세표준과 세율에 관한 설명으로 틀린 것은? 제26회 수정

① 주택(1세대 1주택은 아님)에 대한 과세표준은 주택 시가표준액에 100분의 60의 공정시장가액비율을 곱하여 산정한다.
② 주택이 아닌 건축물에 대한 과세표준은 건축물 시가표준액에 100분의 70의 공정시장가액비율을 곱하여 산정한다.
③ 토지에 대한 과세표준은 사실상 취득가격이 증명되는 때에는 장부가액으로 한다.
④ 「지방세법」상 별장은 초과누진세율을 적용한다.
⑤ 주택에 대한 재산세는 주택별로 표준세율을 적용한다.

톺아보기

③ 토지에 대한 과세표준은 토지 시가표준액(개별공시지가)에 100분의 70을 곱한 금액으로 한다.
★ ⑤ 주택에 대한 재산세는 주택별로 표준세율을 적용한다.

더 알아보기

재산세는 보통징수방법으로 과세표준과 세액을 결정하기 때문에 지방자치단체에서 과세표준을 정하여야 한다. 과세표준은 과세기준일 현재의 시가표준액에 의하는데 개인·법인 소유에 관계없이 시가표준액을 적용하여야 한다.

1. **토지·건축물·주택에 대한 재산세의 과세표준**
   과세기준일 현재의 시가표준액에 부동산 시장의 동향과 지방재정 여건 등을 고려하여 다음의 어느 하나에서 정한 범위에서 정하는 공정시장가액비율을 곱하여 산정한 가액으로 한다.
   - **토지·건축물**: 과세기준일 현재의 시가표준액 × 공정시장가액비율(70%)
   - **주택**: 과세기준일 현재의 시가표준액 × 공정시장가액비율(60%. 단, 1세대 1주택: 시가표준액에 따라 43%, 44%, 45%의 공정시장가액비율 적용)
     - 🔍 **과세표준상한액〈2024.1.1. 시행〉**
       주택의 과세표준이 다음 계산식에 따른 과세표준상한액보다 큰 경우에는 해당 주택의 과세표준은 과세표준상한액으로 한다.
       - 과세표준상한액 = 직전연도 해당 주택의 과세표준 상당액 + (과세기준일 당시 시가표준액으로 산정한 과세표준 × 과세표준상한율)
       - 과세표준상한율 = 소비자물가지수, 주택가격변동율, 지방재정여건 등을 고려하여 0에서 100분의 5 범위 이내로 대통령령이 정하는 비율(5%)

2. **선박·항공기에 대한 과세표준**
   과세기준일 현재의 시가표준액으로 한다(즉, 선박과 항공기에 대한 과세표준을 계산할 때에는 공정시장가액비율을 곱하지 않음).

정답 | 07 ① 08 ③

09 지방세법령상 재산세의 표준세율에 관한 설명으로 틀린 것은? (단, 지방세관계법령상 감면 및 특례는 고려하지 않음) 제34회

① 법령에서 정하는 고급선박 및 고급오락장용 건축물의 경우 고급선박의 표준세율이 고급오락장용 건축물의 표준세율보다 높다.
② 특별시 지역에서 「국토의 계획 및 이용에 관한 법률」과 그 밖의 관계 법령에 따라 지정된 주거지역 및 해당 지방자치단체의 조례로 정하는 지역의 대통령령으로 정하는 공장용 건축물의 표준세율은 과세표준의 1,000분의 5이다.
③ 주택(법령으로 정하는 1세대 1주택 아님)의 경우 표준세율은 최저 1,000분의 1에서 최고 1,000분의 4까지 4단계 초과누진세율로 적용한다.
④ 항공기의 표준세율은 1,000분의 3으로 법령에서 정하는 고급선박을 제외한 그 밖의 선박의 표준세율과 동일하다.
⑤ 지방자치단체의 장은 특별한 재정수요나 재해 등의 발생으로 재산세의 세율 조정이 불가피하다고 인정되는 경우 조례로 정하는 바에 따라 표준세율의 100분의 50의 범위에서 가감할 수 있다. 다만, 가감한 세율은 해당 연도를 포함하여 3년간 적용한다.

톺아보기

지방자치단체의 장은 특별한 재정수요나 재해 등의 발생으로 재산세의 세율 조정이 불가피하다고 인정되는 경우 조례로 정하는 바에 따라 표준세율의 100분의 50의 범위에서 가감할 수 있다. 다만, 가감한 세율은 해당 연도에만 적용한다.

10 「지방세법」상 재산세 과세대상에 대한 표준세율 적용에 관한 설명으로 틀린 것은?

제27회

① 납세의무자가 해당 지방자치단체 관할 구역에 소유하고 있는 종합합산과세대상 토지의 가액을 모두 합한 금액을 과세표준으로 하여 종합합산과세대상의 세율을 적용한다.
② 납세의무자가 해당 지방자치단체 관할 구역에 소유하고 있는 별도합산과세대상 토지의 가액을 모두 합한 금액을 과세표준으로 하여 별도합산과세대상의 세율을 적용한다.
③ 분리과세대상이 되는 해당 토지의 가액을 과세표준으로 하여 분리과세대상의 세율을 적용한다.
④ 납세의무자가 해당 지방자치단체 관할 구역에 2개 이상의 주택을 소유하고 있는 경우 그 주택의 가액을 모두 합한 금액을 과세표준으로 하여 주택의 세율을 적용한다.
⑤ 주택에 대한 토지와 건물의 소유자가 다를 경우 해당 주택의 토지와 건물의 가액을 합산한 과세표준에 주택의 세율을 적용한다.

톺아보기

④ 납세의무자가 해당 지방자치단체 관할 구역에 2개 이상의 주택을 소유하고 있는 경우 그 주택의 가액을 주택별로 세율을 적용한다.
★ ⑤ 주택에 대한 토지와 건물의 소유자가 다를 경우 해당 주택의 토지와 건물의 가액을 합산한 과세표준에 주택의 세율을 적용한다.

정답 | 09 ⑤ 10 ④

11 「지방세법」상 다음의 재산세 과세표준에 적용되는 표준세율 중 가장 낮은 것은?

제27회 수정

① 과세표준 5,000만원인 종합합산과세대상 토지
② 과세표준 2억원인 별도합산과세대상 토지
③ 과세표준 20억원인 분리과세대상 목장용지
④ 과세표준 6,000만원인 1세대 2주택
⑤ 과세표준 10억원인 분리과세대상 공장용지

톺아보기

③ 과세표준 20억원인 분리과세대상 목장용지: 1,000분의 0.7

[오답해설]
① 과세표준 5,000만원인 종합합산과세대상 토지: 1,000분의 2
② 과세표준 2억원인 별도합산과세대상 토지: 1,000분의 2
④ 과세표준 6,000만원인 1세대 2주택: 1,000분의 1
⑤ 과세표준 10억원인 분리과세대상 공장용지: 1,000분의 2

더 알아보기

재산세 표준세율

재산의 종류(과세대상)		세율
토지	분리과세대상	0.07%, 0.2%, 4% ⇨ 차등비례세율
	종합합산과세대상	0.2~0.5% 3단계 초과누진세율
	별도합산과세대상	0.2~0.4% 3단계 초과누진세율
건축물	골프장 내 건축물 · 고급오락장용 건축물	4%
	시지역의 주거지역 내 공장용 건축물	0.5%(표준세율의 2배)
	일반 건축물(군지역 내 공장용 건축물 포함)	0.25% 비례세율
주택 (별장 및 고급주택 포함)	원칙	0.1~0.4% 4단계 초과누진세율
	1주택자가 보유한 공시가격 9억원 이하 주택	0.05~0.35% 4단계 초과누진세율
선박		0.3%(고급선박: 5%)
항공기		0.3%

• 군지역에 소재하는 공장용 건축물: 0.25%
• 고급오락장용 토지 및 건축물, 골프장용 토지: 4%

12 「지방세법」상 다음에 적용되는 재산세의 표준세율이 가장 높은 것은? (단, 재산세 도시지역분은 제외하고, 지방세관계법에 의한 특례는 고려하지 않음) 제32회 수정

① 과세표준이 5,000만원인 종합합산과세대상 토지
② 과세표준이 2억원인 별도합산과세대상 토지
③ 과세표준이 1억원인 광역시의 군지역에서 「농지법」에 따른 농업법인이 소유하는 농지로서 과세기준일 현재 실제 영농에 사용되고 있는 토지
④ 과세표준이 5억원인 「수도권정비계획법」에 따른 과밀억제권역 외의 읍·면 지역의 공장용 건축물
⑤ 과세표준이 1억 5,000만원인 주택(1세대 1주택에 해당하지 않음)

톺아보기

④ 과세표준이 5억원인 「수도권정비계획법」에 따른 과밀억제권역 외의 읍·면 지역의 공장용 건축물: 1,000분의 2.5(0.25%)

오답해설

① 과세표준이 5,000만원인 종합합산과세대상 토지: 1,000분의 2(0.2%)
② 과세표준이 2억원인 별도합산과세대상 토지: 1,000분의 2(0.2%)
③ 과세표준이 1억원인 광역시의 군지역에서 「농지법」에 따른 농업법인이 소유하는 농지로서 과세기준일 현재 실제 영농에 사용되고 있는 토지: 1,000분의 0.7(0.07%)
⑤ 과세표준이 1억 5,000만원인 주택(1세대 1주택에 해당하지 않음): 1,000분의 1.5(0.15%)

더 알아보기

주택에 대한 재산세 표준세율

주택(별장 및 고급주택 포함)	세율
6,000만원 이하	1,000분의 1
6,000만원 초과 1억 5,000만원 이하	60,000원 + 6,000만원 초과금액의 1,000분의 1.5
1억 5,000만원 초과 3억원 이하	195,000원 + 1억 5,000만원 초과금액의 1,000분의 2.5
3억원 초과	570,000만원 + 3억원 초과금액의 1,000분의 4

단, 1주택자가 보유한 공시가격 9억원 이하 주택: 0.05~0.35% 4단계 초과누진세율 적용

정답 | 11 ③ 12 ④

13 「지방세법」상 재산세의 비과세 대상이 아닌 것은? (단, 아래의 답항별로 주어진 자료 외의 비과세요건은 충족된 것으로 가정함) 제28회

① 임시로 사용하기 위하여 건축된 건축물로서 재산세 과세기준일 현재 1년 미만의 것
② 재산세를 부과하는 해당 연도에 철거하기로 계획이 확정되어 재산세 과세기준일 현재 행정관청으로부터 철거명령을 받은 주택과 그 부속토지인 대지
③ 농업용 구거와 자연유수의 배수처리에 제공하는 구거
④ 「군사기지 및 군사시설 보호법」에 따른 군사기지 및 군사시설 보호구역 중 통제 보호구역에 있는 토지(전·답·과수원 및 대지는 제외)
⑤ 「도로법」에 따른 도로와 그 밖에 일반인의 자유로운 통행을 위하여 제공할 목적으로 개설한 사설도로(「건축법 시행령」 제80조의2에 따른 대지 안의 공지는 제외)

톺아보기

재산세를 부과하는 해당 연도에 철거하기로 계획이 확정되어 재산세 과세기준일 현재 행정관청으로부터 철거명령을 받은 건축물 또는 주택(「건축법」 제2조 제1항 제2호에 따른 건축물 부분으로 한정)은 재산세를 비과세한다. 즉, 그 부속토지인 대지는 과세한다.

14 「지방세법」상 재산세 비과세대상에 해당하는 것은? (단, 주어진 조건 외에는 고려하지 않음) 제30회

① 지방자치단체가 1년 이상 공용으로 사용하는 재산으로서 유료로 사용하는 재산
② 「한국농어촌공사 및 농지관리기금법」에 따라 설립된 한국농어촌공사가 같은 법에 따라 농가에 공급하기 위하여 소유하는 농지
③ 「공간정보의 구축 및 관리 등에 관한 법률」에 따른 제방으로서 특정인이 전용하는 제방
④ 「군사기지 및 군사시설 보호법」에 따른 군사기지 및 군사시설 보호구역 중 통제보호구역에 있는 전·답
⑤ 「산림자원의 조성 및 관리에 관한 법률」에 따라 지정된 채종림·시험림

톺아보기

「산림자원의 조성 및 관리에 관한 법률」에 따라 지정된 채종림·시험림은 비과세한다.

15 지방세법령상 재산세의 부과·징수에 관한 설명으로 틀린 것은?

제34회

① 주택에 대한 재산세의 경우 해당 연도에 부과·징수할 세액의 2분의 1은 매년 7월 16일부터 7월 31일까지, 나머지 2분의 1은 9월 16일부터 9월 30일까지를 납기로 한다. 다만, 해당 연도에 부과할 세액이 20만원 이하인 경우에는 조례로 정하는 바에 따라 납기를 9월 16일부터 9월 30일까지로 하여 한꺼번에 부과·징수할 수 있다.
② 재산세는 관할 지방자치단체의 장이 세액을 산정하여 보통징수의 방법으로 부과·징수한다.
③ 재산세를 징수하려면 토지, 건축물, 주택, 선박 및 항공기로 구분한 납세고지서에 과세표준과 세액을 적어 늦어도 납기개시 5일 전까지 발급하여야 한다.
④ 재산세의 과세기준일은 매년 6월 1일로 한다.
⑤ 고지서 1장당 재산세로 징수할 세액이 2,000원 미만인 경우에는 해당 재산세를 징수하지 아니한다.

톺아보기

주택에 대한 재산세의 경우 해당 연도에 부과·징수할 세액의 2분의 1은 매년 7월 16일부터 7월 31일까지, 나머지 2분의 1은 9월 16일부터 9월 30일까지를 납기로 한다. 다만, 해당 연도에 부과할 세액이 20만원 이하인 경우에는 조례로 정하는 바에 따라 납기를 7월 16일부터 7월 31일까지로 하여 한꺼번에 부과·징수할 수 있다.

더 알아보기

재산의 종류		고지서상 납부기간	비고
건축물·선박·항공기		매년 7월 16일부터 7월 31일까지	
주택	부과·징수할 세액의 2분의 1	매년 7월 16일부터 7월 31일까지	단, 주택에 대해 부과·징수할 세액이 20만원 이하인 경우에는 조례가 정하는 바에 따라 납기를 7월 16일부터 7월 31일까지로 하여 한꺼번에 부과·징수할 수 있다.
	나머지 2분의 1	매년 9월 16일부터 9월 30일까지	
토지		매년 9월 16일부터 9월 30일까지	

정답 | 13 ② 14 ⑤ 15 ①

16 지방세법령상 재산세에 관한 설명으로 옳은 것은? (단, 주어진 조건 외에는 고려하지 않음)

제35회

① 특별시 지역에서 「국토의 계획 및 이용에 관한 법률」에 따라 지정된 주거지역의 대통령령으로 정하는 공장용 건축물의 표준세율은 초과누진세율이다.
② 수탁자 명의로 등기·등록된 신탁재산의 수탁자는 과세기준일부터 15일 이내에 그 소재지를 관할하는 지방자치단체의 장에게 그 사실을 알 수 있는 증거자료를 갖추어 신고하여야 한다.
③ 주택의 토지와 건물 소유자가 다를 경우 해당 주택에 대한 세율을 적용할 때 해당 주택의 토지와 건물의 가액을 소유자별로 구분계산한 과세표준에 세율을 적용한다.
④ 주택의 재산세로서 해당 연도에 부과할 세액이 20만원 이하인 경우에는 납기를 9월 16일부터 9월 30일까지로 하여 한꺼번에 부과·징수할 수 있다.
⑤ 지방자치단체의 장은 과세대상의 누락으로 이미 부과한 재산세액을 변경하여야 할 사유가 발생하여도 수시로 부과·징수할 수 없다.

톺아보기

오답해설
① 특별시 지역에서 「국토의 계획 및 이용에 관한 법률」에 따라 지정된 주거지역의 대통령령으로 정하는 공장용 건축물의 표준세율은 0.5%의 비례세율이다.
③ 주택의 토지와 건물 소유자가 다를 경우 해당 주택에 대한 세율을 적용할 때 해당 주택의 토지와 건물의 가액을 합산한 과세표준에 세율을 적용한다.
④ 주택의 재산세로서 해당 연도에 부과할 세액이 20만원 이하인 경우에는 납기를 7월 16일부터 7월 31일까지로 하여 한꺼번에 부과·징수할 수 있다.
⑤ 지방자치단체의 장은 과세대상의 누락으로 이미 부과한 재산세액을 변경하여야 할 사유가 발생하여도 수시로 부과·징수할 수 있다.

17 상중하

거주자 甲은 A주택을 3년간 소유하며 직접 거주하고 있다. 甲이 A주택에 대하여 납부하게 되는 2025년 귀속 재산세와 종합부동산세에 관한 설명으로 틀린 것은? (단, 甲은 「종합부동산세법」상 납세의무자로서 만 61세이며 1세대 1주택자라 가정함) 제29회 수정

① 재산세 및 종합부동산세의 과세기준일은 매년 6월 1일이다.
② 甲의 고령자 세액공제액은 「종합부동산세법」에 따라 산출된 세액에 100분의 20을 곱한 금액으로 한다.
③ 재산세 납부세액이 400만원인 경우, 150만원은 납부기한이 지난 날부터 3개월 이내에 분납할 수 있다.
④ 재산세 산출세액은 지방세법령에 따라 계산한 직전 연도 해당 재산에 대한 재산세액 상당액의 100분의 150에 해당하는 금액을 한도로 한다.
⑤ 만약 甲이 A주택을 「신탁법」에 따라 수탁자 명의로 신탁등기하게 하는 경우로서 A주택이 위탁자별로 구분된 재산이라면, 위탁자를 재산세 납세의무자로 본다.

톺아보기

④ 주택에 대한 재산세 세부담상당액을 적용하지 아니한다. 다만, 2024년 이전부터 과세된 주택은 2028년 12월 31일까지는 종전의 세부담상한 규정을 적용한다. 그러므로 주택(법인소유주택은 제외)은 주택의 공시가격 등에 따라 3억원 이하이면 105%, 6억원 이하이면 110% 및 6억원 초과이면 130%이다.
★ ① 재산세 및 종합부동산세의 과세기준일은 매년 6월 1일이다.

더 알아보기

재산세의 세 부담 상한선

- 개정 내용: 해당 재산에 대한 재산세의 산출세액(도시지역분 포함)이 대통령령으로 정하는 방법에 따라 계산한 직전 연도의 해당 재산에 대한 재산세액 상당액의 100분의 150을 초과하는 경우에는 100분의 150에 해당하는 금액을 해당 연도에 징수할 세액으로 한다. 다만, 주택의 경우에는 적용하지 아니한다(2024.1.1. 시행).
- 개정규정 시행 전 주택분 세 부담의 상한

구분		세 부담 상한
(공시가격 등 관계없이) 토지, 건축물, 법인소유주택		직전 연도의 세액의 150%
주택(법인 제외)의 공시가격 등	3억원 이하	직전 연도의 세액의 105%
	3억원 초과 6억원 이하	직전 연도의 세액의 110%
	6억원 초과	직전 연도의 세액의 130%

- 주택 세 부담 상한제 폐지에 관한 경과조치: 세부담상한액의 개정규정 시행 전에 주택 재산세가 과세된 주택에 대해서는 세부담상한액의 개정규정에도 불구하고 2028년 12월 31일까지는 종전의 규정에 따른다.

정답 | 16 ② 17 ④

18. 「지방세법」상 재산세에 관한 설명으로 옳은 것은? _{제30회 수정}

① 건축물에 대한 재산세의 납기는 매년 9월 16일에서 9월 30일이다.
② 재산세의 과세대상 물건이 공부상 등재 현황과 사실상의 현황이 다른 경우에는 원칙적으로 공부상 등재 현황에 따라 재산세를 부과한다.
③ 주택에 대한 재산세는 납세의무자별로 해당 지방자치단체의 관할 구역에 있는 주택의 과세표준을 합산하여 주택의 세율을 적용한다.
④ 지방자치단체의 장은 재산세의 납부세액(재산세 도시지역분 포함)이 1,000만원을 초과하는 경우에는 납세의무자의 신청을 받아 해당 지방자치단체의 관할 구역에 있는 부동산에 대하여만 대통령령으로 정하는 바에 따라 물납을 허가할 수 있다.
⑤ 주택에 대한 재산세의 과세표준은 시가표준액의 100분의 70으로 한다.

톺아보기

★ ④ 지방자치단체의 장은 재산세의 납부세액(재산세 도시지역분 포함)이 1,000만원을 초과하는 경우에는 납세의무자의 신청을 받아 해당 지방자치단체의 관할 구역에 있는 부동산에 대하여만 대통령령으로 정하는 바에 따라 물납을 허가할 수 있다.

오답해설
① 건축물에 대한 재산세의 납기는 매년 7월 16일에서 7월 31일이다.
② 재산세의 과세대상 물건이 공부상 등재 현황과 사실상의 현황이 다른 경우에는 원칙적으로 사실상의 현황에 따라 재산세를 부과한다. 다만, 공부상 등재 현황과 달리 이용함으로써 재산세 부담이 낮아지는 경우 등 대통령령으로 정하는 경우에는 공부상 등재 현황에 따라 부과한다.
③ 주택에 대한 재산세는 주택별로 주택의 세율을 적용한다.
⑤ 주택에 대한 재산세의 과세표준은 시가표준액의 100분의 60(단, 1세대 1주택: 시가표준액에 따라 43%, 44%, 45%의 공정시장가액비율 적용)으로 한다.

19. 「지방세법」상 재산세에 관한 설명으로 옳은 것은? _{제27회 수정}

① 과세기준일은 매년 7월 1일이다.
② 주택의 정기분 납부세액이 50만원인 경우 세액의 2분의 1은 7월 16일부터 7월 31일까지, 나머지는 10월 16일부터 10월 31일까지를 납기로 한다.
③ 토지의 정기분 납부세액이 19만원인 경우 조례에 따라 납기를 7월 16일부터 7월 31일까지로 하여 한꺼번에 부과·징수할 수 있다.
④ 과세기준일 현재 공부상의 소유자가 매매로 소유권이 변동되었는데도 신고하지 아니하여 사실상의 소유자를 알 수 없는 경우 그 공부상의 소유자가 아닌 사용자에게 재산세 납부의무가 있다.
⑤ 지방자치단체의 장은 재산세의 납부세액이 250만원을 초과하는 경우 법령에 따라 납부할 세액의 일부를 납부기한이 지난 날부터 3개월 이내에 분납하게 할 수 있다.

톺아보기

★ ⑤ 지방자치단체의 장은 재산세의 납부세액이 250만원을 초과하는 경우 법령에 따라 납부할 세액의 일부를 납부기한이 지난 날부터 3개월 이내에 분납하게 할 수 있다.

오답해설

① 과세기준일은 매년 6월 1일이다.
② 주택의 정기분 납부세액이 20만원 초과하는 경우 세액의 2분의 1은 7월 16일부터 7월 31일까지, 나머지는 9월 16일부터 9월 30일까지를 납기로 한다.
③ 토지의 정기분 납기는 9월 16일부터 9월 30일까지이다.
④ 과세기준일 현재 공부상의 소유자가 매매로 소유권이 변동되었는데도 신고하지 아니하여 사실상의 소유자를 알 수 없는 경우 그 공부상의 소유자에게 재산세 납부의무가 있다.

더 알아보기

재산세 분할납부

1. 분할납부 요건
   지방자치단체의 장은 재산세의 납부세액이 250만원을 초과하는 경우에는 대통령령으로 정하는 바에 따라 납부할 세액의 일부를 납부기한이 지난 날부터 3개월 이내에 분할납부하게 할 수 있다.

2. 분할납부세액의 기준
   분할납부하게 하는 경우의 분할납부세액은 다음의 기준에 따른다.

납부할 세액이 500만원	이하인 경우	250만원을 초과하는 금액
	초과하는 경우	그 세액의 100분의 50 이하의 금액

3. 분할납부 신청
   - 「지방세법」제118조에 따라 분할납부하려는 자는 재산세의 납부기한까지 행정안전부령으로 정하는 신청서를 시장·군수·구청장에게 제출하여야 한다.
   - 시장·군수·구청장은 분할납부신청을 받았을 때에는 이미 고지한 납세고지서를 납부기한 내에 납부하여야 할 납세고지서와 분할납부기간 내에 납부하여야 할 납세고지서로 구분하여 수정고지하여야 한다.

정답 | 18 ④ 19 ⑤

20 상중하

「지방세법」상 재산세에 관한 설명으로 **틀린** 것은? (단, 주어진 조건 외에는 고려하지 않음)   제33회

① 재산세 과세기준일 현재 공부상에 개인 등의 명의로 등재되어 있는 사실상의 종중재산으로서 종중소유임을 신고하지 아니하였을 때에는 공부상의 소유자는 재산세를 납부할 의무가 있다.
② 지방자치단체가 1년 이상 공용으로 사용하는 재산에 대하여는 소유권의 유상이전을 약정한 경우로서 그 재산을 취득하기 전에 미리 사용하는 경우 재산세를 부과하지 아니한다.
③ 재산세 과세기준일 현재 소유권의 귀속이 분명하지 아니하여 사실상의 소유자를 확인할 수 없는 경우에는 그 사용자가 재산세를 납부할 의무가 있다.
④ 재산세의 납기는 토지의 경우 매년 9월 16일부터 9월 30일까지이며, 건축물의 경우 매년 7월 16일부터 7월 31일까지이다.
⑤ 재산세의 납기에도 불구하고 지방자치단체의 장은 과세대상 누락, 위법 또는 착오 등으로 인하여 이미 부과한 세액을 변경하거나 수시부과하여야 할 사유가 발생하면 수시로 부과·징수할 수 있다.

톺아보기

★ 국가 또는 지방자치단체가 1년 이상 공용 또는 공공용으로 사용하는 재산에 대하여는 유료로 사용하거나 소유권의 유상이전을 약정한 경우로서 그 재산을 취득하기 전에 미리 사용하는 경우 재산세를 부과한다.

21. 「지방세법」상 재산세의 부과·징수에 관한 설명으로 옳은 것은 모두 몇 개인가? (단, 비과세는 고려하지 않음)

제31회

- 재산세의 과세기준일은 매년 6월 1일로 한다.
- 토지의 재산세 납기는 매년 7월 16일부터 7월 31일까지이다.
- 지방자치단체의 장은 재산세의 납부할 세액이 500만원 이하인 경우 250만원을 초과하는 금액은 납부기한이 지난 날부터 3개월 이내 분할납부하게 할 수 있다.
- 재산세는 관할 지방자치단체의 장이 세액을 산정하여 특별징수의 방법으로 부과·징수한다.

① 0개
② 1개
③ 2개
④ 3개
⑤ 4개

톺아보기

오답해설

- 토지의 재산세 납기는 매년 9월 16일부터 9월 30일까지이다.
- 재산세는 관할 지방자치단체의 장이 세액을 산정하여 보통징수의 방법으로 부과·징수한다.

정답 | 20 ② 21 ③

22 「지방세법」상 재산세의 물납에 관한 설명으로 틀린 것은? 제28회

① 「지방세법」상 물납의 신청 및 허가 요건을 충족하고 재산세(재산세 도시지역분 포함)의 납부세액이 1,000만원을 초과하는 경우 물납이 가능하다.
② 서울특별시 강남구와 경기도 성남시에 부동산을 소유하고 있는 자의 성남시 소재 부동산에 대하여 부과된 재산세의 물납은 성남시 내에 소재하는 부동산만 가능하다.
③ 물납허가를 받은 부동산을 행정안전부령으로 정하는 바에 따라 물납하였을 때에는 납부기한 내에 납부한 것으로 본다.
④ 물납하려는 자는 행정안전부령으로 정하는 서류를 갖추어 그 납부기한 10일 전까지 납세지를 관할하는 시장·군수·구청장에게 신청하여야 한다.
⑤ 물납 신청 후 불허가 통지를 받은 경우에 해당 시·군·구의 다른 부동산으로의 변경 신청은 허용되지 않으며 금전으로만 납부하여야 한다.

톺아보기

시장·군수·구청장은 불허가 통지를 받은 납세의무자가 그 통지를 받은 날부터 10일 이내에 해당 시·군·구의 관할구역에 있는 부동산으로서 관리·처분이 가능한 다른 부동산으로 변경 신청하는 경우에는 변경하여 허가할 수 있다.

더 알아보기

1. 물납요건
    - 납부할 재산세액(병기세액과 부가세액 제외, 도시지역분 포함) 1,000만원 초과
    - 납세의무자의 신청을 받는다.
    - 과세 관할 구역 내의 부동산으로 한정한다.
    - 지방자치단체 장의 허가를 받아야 한다.

2. 물납절차

납세의무자	과세권자	허가 여부	납세의무자	과세권자
납부기한 10일 전까지 신청	5일 이내 통지	허가	10일 이내 등기이전에 필요한 서류제출	5일 이내 등기 신청
		불허가	10일 이내 다른 부동산으로 변경 신청	변경 허가 가능

3. 물납부동산 평가
    과세기준일 현재의 시가로 평가한다.

23 「지방세법」상 2025년 귀속 재산세에 관한 설명으로 틀린 것은? (단, 주어진 조건 외에는 고려하지 않음)

제32회 수정

① 토지에 대한 재산세의 과세표준은 시가표준액에 공정시장가액비율(100분의 70)을 곱하여 산정한 가액으로 한다.
② 지방자치단체가 1년 이상 공용으로 사용하는 재산으로서 유료로 사용하는 경우에는 재산세를 부과한다.
③ 재산세 물납신청을 받은 시장·군수·구청장이 물납을 허가하는 경우 물납을 허가하는 부동산의 가액은 물납 허가일 현재의 시가로 한다.
④ 주택의 토지와 건물 소유자가 다를 경우 해당 주택에 대한 세율을 적용할 때 해당 주택의 토지와 건물의 가액을 합산한 과세표준에 주택의 세율을 적용한다.
⑤ 주택공시가격이 6억원인 개인소유 주택(주택의 2024년 세부담상한액 개정규정의 시행 전에 주택분 재산세가 부과된 주택임)에 대한 재산세의 산출세액이 직전 연도의 해당 주택에 대한 재산세액 상당액의 100분의 110을 초과하는 경우에는 100분의 110에 해당하는 금액을 해당 연도에 징수할 세액으로 한다.

톺아보기

★ 재산세 물납신청을 받은 시장·군수·구청장이 물납을 허가하는 경우 물납을 허가하는 부동산의 가액은 과세기준일 현재의 시가로 한다.

정답 | 22 ⑤ 23 ③

제4장 / 기타 지방세

기본서 p.210~220

01

「지방세법」상 거주자의 국내자산 양도소득에 대한 지방소득세에 관한 설명으로 <u>틀린</u> 것은?

제27회 수정

① 양도소득에 대한 개인지방소득세 과세표준은 종합소득 및 퇴직소득에 대한 개인지방소득세 과세표준과 구분하여 계산한다.
② 양도소득에 대한 개인지방소득세의 세액이 2,000원인 경우에는 이를 징수하지 아니한다.
③ 양도소득에 대한 개인지방소득세의 공제세액이 산출세액을 초과하는 경우 그 초과금액은 없는 것으로 한다.
④ 양도소득에 대한 개인지방소득세 과세표준은 「소득세법」상 양도소득과세표준으로 하는 것이 원칙이다.
⑤ 「소득세법」상 보유기간이 8개월인 조합원입주권의 세율은 양도소득에 대한 개인지방소득세 과세표준의 1,000분의 70을 적용한다.

톺아보기

양도소득에 대한 개인지방소득세의 세액이 2,000원 미만인 경우에는 이를 징수하지 아니한다. 즉, 2,000원인 경우에는 징수한다.

02 「지방세법」상 2025년 납세의무가 성립하는 지역자원시설세에 관한 설명으로 틀린 것은?

제31회 수정

① 소방분에 충당하는 지역자원시설세의 건축물 및 선박은 재산세 과세대상인 건축물 및 선박으로 하며, 그 과세표준은 재산세 과세표준 또는 시가표준액으로 한다.
② 소방분 지역자원시설세의 과세대상은 소방시설로 인하여 이익을 받는 자의 건축물 및 선박이다.
③ 주거용이 아닌 4층 이상 10층 이하의 건축물 등 법령으로 정하는 화재위험 건축물에 대해서는 법령에 따른 표준세율에 따라 산출한 금액의 100분의 200을 세액으로 한다.
④ 「지방세법」에 따라 재산세가 비과세되는 건축물에 대하여도 지역자원시설세는 부과된다.
⑤ 지하자원이 과세대상인 경우 납세지는 광업권이 등록된 토지의 소재지이다. 다만, 광업권이 등록된 토지가 둘 이상의 지방자치단체에 걸쳐 있는 경우에는 광업권이 등록된 토지의 면적에 따라 안분한다.

톺아보기

재산세가 비과세되는 건축물과 선박에 대하여는 소방분 지역자원시설세를 부과하지 아니한다.

정답 | 01 ② 02 ④

land.Hackers.com
해커스 공인중개사 **단원별 기출문제집**

3개년 출제비중분석

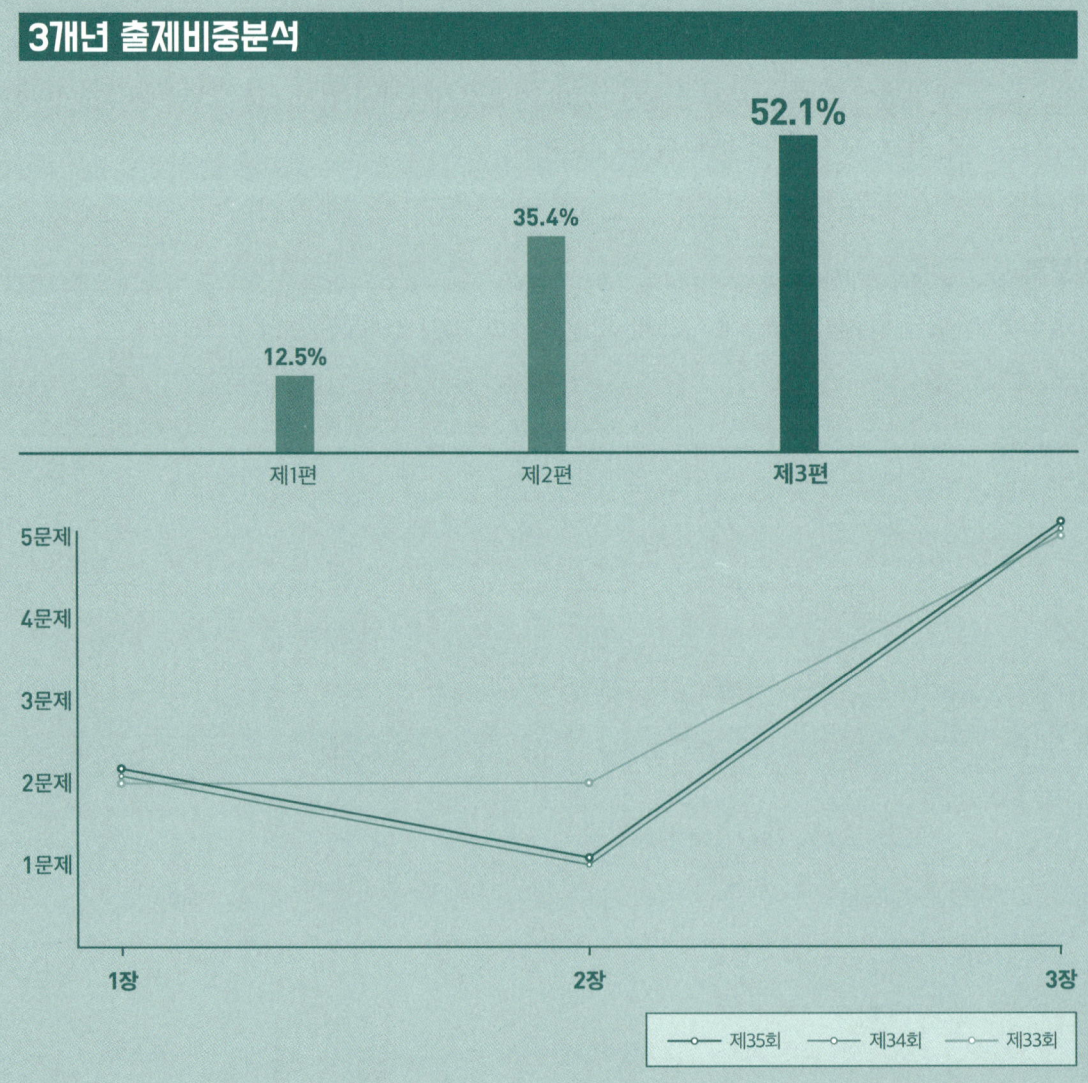

제3편

국세

제1장 종합부동산세
제2장 소득세 총설
제3장 양도소득세

제1장 / 종합부동산세

기본서 p.224~245

01

종합부동산세의 과세기준일 현재 과세대상자산이 <u>아닌</u> 것을 모두 고른 것은? (단, 주어진 조건 외에는 고려하지 않음)

제26회 수정

> ㉠ 여객자동차운송사업 면허를 받은 자가 그 면허에 따라 사용하는 차고용 토지(자동차운송사업의 최저보유차고면적기준의 1.5배에 해당하는 면적 이내의 토지)의 공시가격이 100억원인 경우
> ㉡ 국내에 있는 부부공동명의(지분비율이 동일함)로 된 1세대 1주택의 공시가격이 18억원인 경우
> ㉢ 공장용 건축물
> ㉣ 회원제 골프장용 토지(회원제 골프장업의 등록시 구분등록의 대상이 되는 토지)의 공시가격이 100억원인 경우

① ㉠, ㉡
② ㉢, ㉣
③ ㉠, ㉡, ㉢
④ ㉠, ㉢, ㉣
⑤ ㉡, ㉢, ㉣

톺아보기

과세대상이 아닌 것은 ㉡㉢㉣이다.
㉠ 여객자동차운송사업 면허를 받은 자가 그 면허에 따라 사용하는 차고용 토지는 별도합산과세대상 토지에 해당한다. 별도합산과세대상 토지의 경우 인별합산가액이 80억원을 초과하는 경우에는 종합부동산세 과세대상이다.
㉡ 주택의 개인별 합산가액이 9억원을 초과하는 경우 종합부동산세 과세대상이다. 문제에서 1세대 1주택 특례 규정에 따라 부부 중 1인을 납세의무자로 신고한 경우가 아닌 경우, 각각 납세의무자가 되기 때문에 각각 9억원씩 공제하므로 종합부동산세가 과세되지 않는다.
㉢ 건축물은 과세대상이 아니다.
㉣ 회원제 골프장용 토지는 분리과세대상 토지이므로 종합부동산세 과세대상이 아니다.

더 알아보기

재산세와 종합부동산세 과세대상 비교

구분		재산세	종합부동산세
주택	주택(고급주택, 별장 포함)	○	○
토지	종합합산과세대상 토지	○	○
	별도합산과세대상 토지	○	○
	분리과세대상 토지	○	×
건축물	건축물(공장용, 상가용, 고급오락장용 포함)	○	×
	상가 건축물의 부속토지	○	○
	고급오락장용 건축물	○	×
	고급오락장용 건축물의 부속토지	○	×

---

02 2025년 귀속 종합부동산세에 관한 설명으로 틀린 것은? 　제29회 수정

① 과세대상 토지가 매매로 유상이전되는 경우로서 매매계약서 작성일이 2025년 6월 1일이고, 잔금지급 및 소유권이전등기일이 2025년 6월 29일인 경우, 종합부동산세의 납세의무자는 매도인이다.
② 납세의무자가 국내에 주소를 두고 있는 개인의 경우 납세지는 주소지이다.
③ 납세자에게 부정행위가 없으며 특례제척기간에 해당하지 않는 경우, 원칙적으로 납세의무 성립일부터 5년이 지나면 종합부동산세를 부과할 수 없다.
④ 납세의무자는 선택에 따라 신고·납부할 수 있으나, 신고를 함에 있어 납부세액을 과소하게 신고한 경우라도 과소신고가산세가 적용되지 않는다.
⑤ 종합부동산세는 물납이 허용되지 않는다.

톺아보기

종합부동산세는 신고·납부를 선택하는 경우에 무신고가산세는 적용될 수 없으나, 과소신고가산세는 적용될 수가 있다.

정답 | 01 ⑤　02 ④

03 종합부동산세법령상 주택의 과세표준 계산과 관련한 내용으로 틀린 것은? (단, 2025년 납세의무 성립분임)

제34회 수정

① 대통령령으로 정하는 1세대 1주택자(공동명의 1주택자 제외)의 경우 주택에 대한 종합부동산세의 과세표준은 납세의무자별로 주택의 공시가격을 합산한 금액에서 12억원을 공제한 금액에 100분의 60을 곱한 금액으로 한다. 다만, 그 금액이 영보다 작은 경우에는 영으로 본다.

② 대통령령으로 정하는 다가구 임대주택으로서 임대기간, 주택의 수, 가격, 규모 등을 고려하여 대통령령으로 정하는 주택은 과세표준 합산의 대상이 되는 주택의 범위에 포함되지 아니하는 것으로 본다.

③ 1주택(주택의 부속토지만을 소유한 경우는 제외)과 다른 주택의 부속토지(주택의 건물과 부속토지의 소유자가 다른 경우의 그 부속토지)를 함께 소유하고 있는 경우는 1세대 1주택자로 본다.

④ 혼인으로 인한 1세대 2주택의 경우 납세의무자가 해당 연도 9월 16일부터 9월 30일까지 관할 세무서장에게 합산배제를 신청하면 1세대 1주택자로 본다.

⑤ 2주택을 소유하여 1,000분의 27의 세율이 적용되는 법인의 경우 주택에 대한 종합부동산세의 과세표준은 납세의무자별로 주택의 공시가격을 합산한 금액에서 0원을 공제한 금액에 100분의 60을 곱한 금액으로 한다. 다만, 그 금액이 영보다 작은 경우에는 영으로 본다.

톺아보기

혼인으로 인한 1세대 2주택의 경우 납세의무자의 신청여부와 관계없이 혼인한 날부터 10년(2025년 개정) 동안은 주택을 소유하는 자와 그 혼인한 자별로 각각 1세대로 본다.

더 알아보기

1. 주택의 과세표준

    (주택의 공시가격을 합한 금액 − 공제금액) × 공정시장가액비율(60%)

    공제금액
    ㉠ 대통령령으로 정하는 1세대 1주택자: 12억원
    ㉡ 법인 또는 법인으로 보는 단체: 0원
    ㉢ ㉠ 및 ㉡에 해당하지 아니하는 자: 9억원

    🔍 위 규정을 적용할 때 1주택(주택의 부속토지만을 소유한 경우를 제외)과 다른 주택의 부속토지(주택의 건물과 부속토지의 소유자가 다른 경우의 부속토지만을 말함)를 함께 소유하고 있는 경우에는 1세대 1주택자로 본다.

2. 토지의 과세표준
    - 별도합산과세대상 토지

        (토지의 공시가격을 합한 금액 − 80억원) × 공정시장가액비율(100%)

    - 종합합산과세대상 토지

        (토지의 공시가격을 합한 금액 − 5억원) × 공정시장가액비율(100%)

정답 | 03 ④

04 「종합부동산세법」상 주택에 대한 과세 및 납세지에 관한 설명으로 옳은 것은? 제33회

① 납세의무자가 법인이며 3주택 이상을 소유한 경우 소유한 주택 수에 따라 과세표준에 1.2~6%의 세율을 적용하여 계산한 금액을 주택분 종합부동산세액으로 한다.
② 납세의무자가 법인으로 보지 않는 단체인 경우 주택에 대한 종합부동산세 납세지는 해당 주택의 소재지로 한다.
③ 과세표준 합산의 대상에 포함되지 않는 주택을 보유한 납세의무자는 해당 연도 10월 16일부터 10월 31일까지 관할 세무서장에게 해당 주택의 보유현황을 신고하여야 한다.
④ 종합부동산세 과세대상 1세대 1주택자로서 과세기준일 현재 해당 주택을 12년 보유한 자의 보유기간별 세액공제에 적용되는 공제율은 100분의 50이다.
⑤ 과세기준일 현재 주택분 재산세의 납세의무자는 종합부동산세를 납부할 의무가 있다.

톺아보기

오답해설

① 납세의무자가 법인이며 3주택 이상을 소유한 경우 소유한 주택 수에 따라 과세표준에 5%의 비례세율을 적용하여 계산한 금액을 주택분 종합부동산세액으로 한다.
⇨ 납세의무자가 법인 또는 법인으로 보는 단체인 경우: 차등비례세율

구분	세율
2주택 이하 소유	1,000분의 27(2.7%)
3주택 이상 소유	1,000분의 50(5%)

② 납세의무자가 개인 또는 법인으로 보지 않는 단체인 경우 주택에 대한 종합부동산세 납세지는 「소득세법」 제6조의 규정을 준용하므로 해당 주택의 소재지가 아니라 거주자의 주소지이다.

구분		납세지
개인 또는 법인으로 보지 않는 단체	거주자	「소득세법」상 납세지인 주소지(거소지)
	비거주자	국내 사업장 소재지 ⇨ 국내 원천소득이 발생하는 장소 ⇨ 주택 및 토지 소재지
법인 또는 법인으로 보는 단체	내국법인	본점 및 주사무소 소재지
	외국법인	국내 사업장 소재지 ⇨ 국내 원천소득이 발생하는 장소 ⇨ 주택 및 토지 소재지

★ ③ 과세표준 합산의 대상에 포함되지 않는 주택을 보유한 납세의무자는 해당 연도 9월 16일부터 9월 30일까지 납세지 관할 세무서장에게 해당 주택의 보유현황을 신고하여야 한다.
④ 종합부동산세 과세대상 1세대 1주택자로서 과세기준일 현재 해당 주택을 12년 보유한 자의 보유기간별 세액공제에 적용되는 공제율은 100분의 40이다.

05 2025년 귀속 종합부동산세에 관한 설명으로 틀린 것은?

제30회 수정

① 과세기준일 현재 토지분 재산세의 납세의무자로서 「자연공원법」에 따라 지정된 공원자연환경지구의 임야를 소유하는 자는 토지에 대한 종합부동산세를 납부할 의무가 있다.
② 주택분 종합부동산세 납세의무자가 1세대 1주택자에 해당하는 경우의 주택분 종합부동산세액 계산시 연령에 따른 세액공제와 보유기간에 따른 세액공제는 공제율 합계 100분의 80의 범위에서 중복하여 적용할 수 있다.
③ 「근현대문화유산의 보존 및 활용에 관한 법률」에 따른 등록문화유산에 해당하는 주택은 과세표준 합산의 대상이 되는 주택의 범위에 포함되지 않는 것으로 본다.
④ 관할 세무서장은 종합부동산세로 납부하여야 할 세액이 400만원인 경우 최대 150만원의 세액을 납부기한이 경과한 날부터 6개월 이내에 분납하게 할 수 있다.
⑤ 주택분 종합부동산세액을 계산할 때 1주택을 여러 사람이 공동으로 매수하여 소유한 경우 공동소유자 각자가 그 주택을 소유한 것으로 본다.

톺아보기

① 과세기준일 현재 토지분 재산세의 납세의무자로서 「자연공원법」에 따라 지정된 공원자연환경지구의 임야는 분리과세대상 토지로서 종합부동산세 과세대상이 아니다.
★ ② 주택분 종합부동산세 납세의무자가 1세대 1주택자에 해당하는 경우의 주택분 종합부동산세액 계산시 연령에 따른 세액공제와 보유기간에 따른 세액공제는 공제율 합계 100분의 80의 범위에서 중복하여 적용할 수 있다.
⇨ 1세대 1주택자에 대한 현행 세액공제는 다음과 같다.

고령자		장기보유	
연령	공제율	보유기간	공제율
만 60세 이상 65세 미만	20%	5년 이상 10년 미만	20%
만 65세 이상 70세 미만	30%	10년 이상 15년 미만	40%
만 70세 이상	40%	15년 이상	50%

공제한도: 고령자 + 장기보유 합계 80% 범위에서 중복 공제 가능

★ ④ 관할 세무서장은 종합부동산세로 납부하여야 할 세액이 400만원인 경우 최대 150만원의 세액을 납부기한이 경과한 날부터 6개월 이내에 분납하게 할 수 있다.

정답 | 04 ⑤ 05 ①

06 종합부동산세법령상 종합부동산세의 부과·징수에 관한 내용으로 **틀린** 것은?

제34회

① 관할 세무서장은 납부하여야 할 종합부동산세의 세액을 결정하여 해당 연도 12월 1일부터 12월 15일까지 부과·징수한다.
② 종합부동산세를 신고납부방식으로 납부하고자 하는 납세의무자는 종합부동산세의 과세표준과 세액을 관할 세무서장이 결정하기 전인 해당 연도 11월 16일부터 11월 30일까지 관할 세무서장에게 신고하여야 한다.
③ 관할 세무서장은 종합부동산세로 납부하여야 할 세액이 250만원을 초과하는 경우에는 대통령령으로 정하는 바에 따라 그 세액의 일부를 납부기한이 지난 날부터 6개월 이내에 분납하게 할 수 있다.
④ 관할 세무서장은 납세의무자가 과세기준일 현재 1세대 1주택자가 아닌 경우 주택분 종합부동산세액의 납부유예를 허가할 수 없다.
⑤ 관할 세무서장은 주택분 종합부동산세액의 납부가 유예된 납세의무자가 해당 주택을 타인에게 양도하거나 증여하는 경우에는 그 납부유예 허가를 취소하여야 한다.

톺아보기

관할 세무서장의 결정에도 불구하고 종합부동산세를 신고납부방식으로 납부하고자 하는 납세의무자는 종합부동산세의 과세표준과 세액을 해당 연도 12월 1일부터 12월 15일까지 대통령령으로 정하는 바에 따라 관할 세무서장에게 신고하여야 한다. 이 경우 관할 세무서장의 결정은 없었던 것으로 본다.

더 알아보기

종합부동산세 부과·징수

원칙	정부부과과세(12월 1일부터 12월 15일까지 부과·징수, 납부고지서에 주택 및 토지로 구분한 과세표준과 세액을 기재하여 납부기간 개시 5일 전까지 고지서 발부)
예외	신고납부 선택(12월 1일부터 12월 15일까지, 과소신고가산세 적용될 수 있음)

07

거주자인 개인 甲은 국내에 주택 2채(다가구주택 아님) 및 상가건물 1채를 각각 보유하고 있다. 甲의 2025년 귀속 재산세 및 종합부동산세에 관한 설명으로 **틀린** 것은? (단, 甲의 주택은 「종합부동산세법」상 합산배제주택에 해당하지 아니하며, 지방세관계법상 재산세 특례 및 감면은 없음) 제32회 수정

① 甲의 주택에 대한 재산세는 주택별로 표준세율을 적용한다.
② 甲의 상가건물에 대한 재산세는 시가표준액에 법령이 정하는 공정시장가액비율을 곱하여 산정한 가액을 과세표준으로 하여 비례세율로 과세한다.
③ 甲의 주택분 종합부동산세액의 결정세액은 주택분 종합부동산세액에서 '(주택의 공시가격 합산액 − 9억원) × 종합부동산세 공정시장가액비율 × 재산세 표준세율'의 산식에 따라 산정한 재산세액을 공제하여 계산한다.
④ 甲의 상가건물에 대해서는 종합부동산세를 과세하지 아니한다.
⑤ 甲의 주택에 대한 종합부동산세는 甲이 보유한 주택의 공시가격을 합산한 금액에서 9억원을 공제한 금액에 공정시장가액비율(100분의 60)을 곱한 금액(영보다 작은 경우는 영)을 과세표준으로 하여 누진세율로 과세한다.

톺아보기

甲의 주택분 종합부동산세액의 결정세액은 주택분 종합부동산세액에서 '(주택의 공시가격 합산액 − 9억원) × 재산세 공정시장가액비율 × 재산세 표준세율'의 산식에 따라 산정한 재산세액을 공제하여 계산한다.

08 「종합부동산세법」상 1세대 1주택자에 관한 설명으로 옳은 것은? (단, 「조세특례제한법」은 고려하지 않음)
제32회 수정

① 과세기준일 현재 세대원 중 1인과 그 배우자만이 공동으로 1주택을 소유하고 해당 세대원 및 다른 세대원이 다른 주택을 소유하지 아니한 경우 신청하지 않더라도 공동명의 1주택자를 해당 1주택에 대한 납세의무자로 한다.
② 합산배제 신고한 「근현대문화유산의 보존 및 활용에 관한 법률」에 따른 등록문화유산에 해당하는 주택은 1세대가 소유한 주택 수에서 제외한다.
③ 1세대가 일반 주택과 합산배제 신고한 임대주택을 각각 1채씩 소유한 경우 해당 일반 주택에 그 주택소유자가 실제 거주하지 않더라도 1세대 1주택자에 해당한다.
④ 1세대 1주택자는 주택의 공시가격을 합산한 금액에서 11억원을 공제한 금액에 공정시장가액비율을 곱한 금액을 과세표준으로 한다.
⑤ 1세대 1주택자에 대하여는 주택분 종합부동산세 산출세액에서 소유자의 연령과 주택 보유기간에 따른 공제액을 공제율 합계 100분의 70 범위에서 중복하여 공제한다.

톺아보기

오답해설

★ ① 과세기준일 현재 세대원 중 1인과 그 배우자만이 공동으로 1주택을 소유하고 해당 세대원 및 다른 세대원이 다른 주택을 소유하지 아니한 경우 신청하는 경우에만 공동명의 1주택자를 해당 1주택에 대한 납세의무자로 한다.
③ 1세대가 일반 주택과 합산배제 신고한 임대주택을 각각 1채씩 소유한 경우 해당 일반 주택에 그 주택소유자가 과세기준일 현재 그 주택에 주민등록이 되어 있고 실제로 거주하고 있는 경우에 한정하여 1세대 1주택자에 해당한다.
★ ④ 1세대 1주택자는 주택의 공시가격을 합산한 금액에서 12억원을 공제한 금액에 공정시장가액비율(60%)을 곱한 금액을 과세표준으로 한다.
★ ⑤ 1세대 1주택자에 대하여는 주택분 종합부동산세 산출세액에서 소유자의 연령과 주택 보유기간에 따른 공제액을 공제율 합계 100분의 80 범위에서 중복하여 공제한다.

더 알아보기

과세표준 적용시에 일시적 2주택 등에 대한 1세대 1주택자 주택 수 계산 특례

주택에 대한 종합부동산세 과세표준을 계산하는 경우에 다음의 어느 하나에 해당하는 경우에는 1세대 1주택자로 본다(「종합부동산세법」 제8조 제4항).
1. 1주택(주택의 부속토지만을 소유한 경우는 제외)과 다른 주택의 부속토지(주택의 건물과 부속토지의 소유자가 다른 경우의 그 부속토지를 말함)를 함께 소유하고 있는 경우
2. 1세대 1주택자가 1주택을 양도하기 전 다른 주택을 대체취득하여 일시적 2주택이 된 경우로서 대통령령으로 정하는 경우
3. 1주택과 상속받은 주택으로서 대통령령으로 정하는 주택(상속주택)을 함께 소유하고 있는 경우

4. 1주택과 주택 소재 지역, 주택 가액 등을 고려하여 대통령령으로 정하는 지방 저가주택을 함께 소유하고 있는 경우
5. 2.부터 4.까지의 규정을 적용받으려는 납세의무자는 해당 연도 9월 16일부터 9월 30일까지 대통령령으로 정하는 바에 따라 관할 세무서장에게 신청하여야 한다(「종합부동산세법」 제8조 제5항).

09 2025년 귀속 토지분 종합부동산세에 관한 설명으로 옳은 것은? (단, 감면과 비과세와 「지방세특례제한법」 또는 「조세특례제한법」은 고려하지 않음) 제32회 수정

① 재산세 과세대상 중 분리과세대상 토지는 종합부동산세 과세대상이다.
② 종합부동산세의 분납은 허용되지 않는다.
③ 종합부동산세의 물납은 허용되지 않는다.
④ 납세자에게 부정행위가 없으며 특례제척기간에 해당하지 않는 경우 원칙적으로 납세의무 성립일부터 3년이 지나면 종합부동산세를 부과할 수 없다.
⑤ 별도합산과세대상인 토지의 재산세로 부과된 세액이 세 부담 상한을 적용받는 경우 그 상한을 적용받기 전의 세액을 별도합산과세대상 토지분 종합부동산세액에서 공제한다.

톺아보기

[오답해설]
★ ① 재산세 과세대상 중 분리과세대상 토지는 종합부동산세 과세대상이 아니다.
★ ② 종합부동산세의 분납은 허용된다.
④ 납세자에게 부정행위가 없으며 특례제척기간에 해당하지 않는 경우 원칙적으로 납세의무 성립일부터 5년이 지나면 종합부동산세를 부과할 수 없다.
★ ⑤ 별도합산과세대상인 토지의 재산세로 부과된 세액이 세 부담 상한을 적용받는 경우 그 상한을 적용받은 세액을 별도합산과세대상 토지분 종합부동산세액에서 공제한다.

정답 | 08 ② 09 ③

10 「종합부동산세법」상 토지 및 주택에 대한 과세와 부과·징수에 관한 설명으로 옳은 것은?

제33회

① 종합합산과세대상인 토지에 대한 종합부동산세의 세액은 과세표준에 1~5%의 세율을 적용하여 계산한 금액으로 한다.
② 종합부동산세로 납부해야 할 세액이 200만원인 경우 관할 세무서장은 그 세액의 일부를 납부기한이 지난 날부터 6개월 이내에 분납하게 할 수 있다.
③ 관할 세무서장이 종합부동산세를 징수하려면 납부기간 개시 5일 전까지 주택분과 토지분을 합산한 과세표준과 세액을 납부고지서에 기재하여 발급하여야 한다.
④ 종합부동산세를 신고납부방식으로 납부하고자 하는 납세의무자는 종합부동산세의 과세표준과 세액을 해당 연도 12월 1일부터 12월 15일까지 관할 세무서장에게 신고하여야 한다.
⑤ 별도합산과세대상인 토지에 대한 종합부동산세의 세액은 과세표준에 0.5~0.8%의 세율을 적용하여 계산한 금액으로 한다.

톺아보기

오답해설
① 종합합산과세대상인 토지에 대한 종합부동산세의 세액은 과세표준에 1~3%의 세율을 적용하여 계산한 금액으로 한다.
② 종합부동산세로 납부할 세액이 250만원을 초과하는 경우에 관할 세무서장은 그 세액의 일부를 납부기한이 지난 날부터 6개월 이내에 분납하게 할 수 있다. 즉, 납부할 세액이 200만원인 경우에는 분납할 수 없다.
③ 관할 세무서장이 종합부동산세를 징수하려면 납부기간 개시 5일 전까지 주택 및 토지로 구분한 과세표준과 세액을 납부고지서에 기재하여 발급하여야 한다.
⑤ 별도합산과세대상인 토지에 대한 종합부동산세의 세액은 과세표준에 0.5~0.7%의 세율을 적용하여 계산한 금액으로 한다.

더 알아보기

1. 주택의 세율

구분	2주택 이하	3주택 이상
개인, 사회적 기업 등	0.5~2.7% 7단계 초과누진세율	0.5~5% 7단계 초과누진세율
법인(사회적 기업 등 제외)	2.7% 비례세율	5% 비례세율

개인소유는 7단계 초과누진세율, 법인소유는 비례세율을 적용한다.

2. 토지의 세율
   - **종합합산**: 1~3% 3단계 초과누진세율
   - **별도합산**: 0.5~0.7% 3단계 초과누진세율

11 종합부동산세법령상 주택에 대한 과세에 관한 설명으로 옳은 것은? 제35회 수정

① 「신탁법」 제2조에 따른 수탁자의 명의로 등기된 신탁주택의 경우에는 수탁자가 종합부동산세를 납부할 의무가 있으며, 이 경우 수탁자가 신탁주택을 소유한 것으로 본다.
② 법인이 2주택을 소유한 경우 종합부동산세의 세율은 1,000분의 50을 적용한다.
③ 거주자 甲이 2024년부터 보유하는 3주택(주택 수 계산에서 제외되는 주택은 없음) 중 2주택을 2025.6.17.에 양도하고 동시에 소유권이전등기를 한 경우, 甲의 2025년도 주택분 종합부동산세액은 3주택 이상을 소유한 경우의 세율을 적용하여 계산한다.
④ 신탁주택의 수탁자가 종합부동산세를 체납한 경우 그 수탁자의 다른 재산에 대하여 강제징수하여도 징수할 금액에 미치지 못할 때에는 해당 주택의 위탁자가 종합부동산세를 납부할 의무가 있다.
⑤ 공동명의 1주택자(1주택자 신고한 경우는 아님)인 경우 주택에 대한 종합부동산세의 과세표준은 주택의 시가를 합산한 금액에서 11억원을 공제한 금액에 100분의 50을 한도로 공정시장가액비율을 곱한 금액으로 한다.

톺아보기

과세기준일인 2025.6.1.에는 거주자 甲이 소유자이므로 3주택을 소유한 경우의 세율을 적용하여 계산한다.

오답해설

① 「신탁법」 제2조에 따른 수탁자의 명의로 등기된 신탁주택의 경우에는 위탁자가 종합부동산세를 납부할 의무가 있으며, 이 경우 위탁자가 신탁주택을 소유한 것으로 본다.
② 법인이 2주택을 소유한 경우 종합부동산세의 세율은 1,000분의 27을 적용한다. 다만, 사회적 기업·종중 등 법령에 정하는 경우는 초과누진세율이 적용되는 경우도 있다.
④ 신탁주택의 위탁자가 종합부동산세를 체납한 경우 그 위탁자의 다른 재산에 대하여 강제징수하여도 징수할 금액에 미치지 못할 때에는 해당 주택의 수탁자가 종합부동산세를 납부할 의무가 있다.
⑤ 공동명의 1주택자(1주택자 신고한 경우는 아님)인 경우 주택에 대한 종합부동산세의 과세표준은 주택의 공시가격을 합산한 금액에서 9억원을 공제한 금액에 부동산 시장의 동향과 재정 여건 등을 고려하여 100분의 60부터 100분의 100까지의 범위에서 대통령령으로 정하는 공정시장가액비율을 곱한 금액으로 한다. 다만, 그 금액이 영보다 작은 경우에는 영으로 본다.

12 종합부동산세법령상 토지에 대한 과세에 관한 설명으로 옳은 것은? 제35회

① 토지분 재산세의 납세의무자로서 종합합산과세대상 토지의 공시가격을 합한 금액이 5억원인 자는 종합부동산세를 납부할 의무가 있다.
② 토지분 재산세의 납세의무자로서 별도합산과세대상 토지의 공시가격을 합한 금액이 80억원인 자는 종합부동산세를 납부할 의무가 있다.
③ 토지에 대한 종합부동산세는 종합합산과세대상, 별도합산과세대상 그리고 분리과세대상으로 구분하여 과세한다.
④ 종합합산과세대상인 토지에 대한 종합부동산세의 과세표준은 해당 토지의 공시가격을 합산한 금액에서 5억원을 공제한 금액에 100분의 50을 한도로 공정시장가액비율을 곱한 금액으로 한다.
⑤ 별도합산과세대상인 토지의 과세표준 금액에 대하여 해당 과세대상 토지의 토지분 재산세로 부과된 세액(「지방세법」)에 따라 가감조정된 세율이 적용된 경우에는 그 세율이 적용된 세액, 같은 법에 따라 세 부담 상한을 적용받은 경우에는 그 상한을 적용받은 세액을 말한다)은 토지분 별도합산세액에서 이를 공제한다.

톺아보기

오답해설
① 토지분 재산세의 납세의무자로서 종합합산과세대상 토지의 공시가격을 합한 금액이 5억원을 초과하는 자는 종합부동산세를 납부할 의무가 있으며, 공정시장가액비율은 100%이다. 즉, 5억원인 자는 납부할 의무가 없다.
② 토지분 재산세의 납세 의무자로서 별도합산과세대상 토지의 공시가격을 합한 금액이 80억원을 초과하는 자는 종합부동산세를 납부할 의무가 있다. 즉, 80억원인 자는 납부할 의무가 없다.
③ 토지에 대한 종합부동산세는 종합합산과세대상, 별도합산과세대상으로 구분하여 과세한다. 분리과세대상 토지는 종합부동산세 과세대상이 아니다.
④ 종합합산과세대상인 토지에 대한 종합부동산세의 과세표준은 해당 토지의 공시가격을 합산한 금액에서 5억원을 공제한 금액에 부동산 시장의 동향과 재정 여건 등을 고려하여 100분의 60부터 100분의 100까지의 범위에서 대통령령으로 정하는 공정시장가액비율(100%)을 곱한 금액으로 한다.

정답 | 12 ⑤

제2장 / 소득세 총설

01

「소득세법」상 거주자의 부동산과 관련된 사업소득에 관한 설명으로 옳은 것은?

제31회

① 국외에 소재하는 주택의 임대소득은 주택 수에 관계없이 과세하지 아니한다.
② 「공익사업을 위한 토지 등의 취득 및 보상에 관한 법률」에 따른 공익사업과 관련하여 지역권을 대여함으로써 발생하는 소득은 부동산업에서 발생하는 소득으로 한다.
③ 부동산임대업에서 발생하는 사업소득의 납세지는 부동산 소재지로 한다.
④ 국내에 소재하는 논·밭을 작물 생산에 이용하게 함으로써 발생하는 사업소득은 소득세를 과세하지 아니한다.
⑤ 주거용 건물 임대업에서 발생한 결손금은 종합소득 과세표준을 계산할 때 공제하지 아니한다.

톺아보기

[오답해설]
① 국외에 소재하는 주택의 임대소득은 주택 수에 관계없이 과세한다.
★ ② 「공익사업을 위한 토지 등의 취득 및 보상에 관한 법률」에 따른 공익사업과 관련하여 지역권을 대여함으로써 발생하는 소득은 기타소득으로 한다.
③ 부동산임대업에서 발생하는 사업소득의 납세지는 거주자의 주소지로 한다.
⑤ 주거용 건물 임대업에서 발생한 결손금은 종합소득 과세표준을 계산할 때 공제한다.

정답 | 01 ④

02 「소득세법」상 국내에 소재한 주택을 임대한 경우 발생하는 소득에 관한 설명으로 틀린 것은? (단, 아래의 주택은 상시 주거용으로 사용하고 있음) 제25회 수정

① 주택 1채만을 소유한 거주자가 과세기간 종료일 현재 기준시가 13억원인 해당 주택을 전세금을 받고 임대하여 얻은 소득에 대해서는 소득세가 과세되지 아니한다.
② 주택 2채를 소유한 거주자가 1채는 월세계약으로 나머지 1채는 전세계약의 형태로 임대한 경우, 월세계약에 의하여 받은 임대료에 대해서만 소득세가 과세된다.
③ 거주자의 보유주택 수를 계산함에 있어서 다가구주택은 1개의 주택으로 보되, 구분등기된 경우에는 각각을 1개의 주택으로 계산한다.
④ 주택의 임대로 인하여 얻은 과세대상 소득은 사업소득으로서 해당 거주자의 종합소득금액에 합산된다.
⑤ 주택을 임대하여 얻은 소득은 거주자가 사업자등록을 한 경우에 한하여 소득세 납세의무가 있다.

톺아보기

주택을 임대하여 얻은 소득은 사업자등록 여부에 관계없이 소득세 납세의무가 있다.

더 알아보기

부동산임대소득 비과세 판정시 주택 수의 계산

구분	주택 수의 계산방법
다가구주택	1개의 주택으로 보되, 구분등기된 경우에는 각각을 1개의 주택으로 계산한다.
공동소유주택	지분이 가장 큰 사람의 소유로 계산(지분이 가장 큰 사람이 2명 이상인 경우로서 그들이 합의하여 그들 중 1명을 해당 주택 임대수입의 귀속자로 정한 경우에는 그의 소유로 계산). 다만, 다음의 어느 하나에 해당하는 사람은 공동소유의 주택을 소유하는 것으로 계산되지 않는 경우라도 그의 소유로 계산한다. • 해당 공동소유하는 주택을 임대해 얻은 수입금액을 기획재정부령으로 정하는 방법에 따라 계산한 금액이 연간 600만원 이상인 사람 • 해당 공동소유하는 주택의 기준시가가 12억원을 초과하는 경우로서 그 주택의 지분을 100분의 30 초과 보유하는 사람
임차 또는 전세받은 주택을 전대하거나 전전세하는 경우	해당 임차 또는 전세받은 주택을 임차인 또는 전세받은 자의 주택으로 계산한다.
본인과 배우자가 각각 주택을 소유하는 경우	이를 합산하여 주택 수를 계산한다.

03 상중하

「소득세법」상 거주자가 2025년도에 국내소재 부동산 등을 임대하여 발생하는 소득에 관한 설명으로 틀린 것은? 제28회 수정

① 공익사업과 무관한 지상권의 대여로 인한 소득은 부동산임대업에서 발생한 소득에 포함한다.
② 부동산임대업에서 발생한 소득은 사업소득에 해당한다.
③ 주거용 건물 임대업에서 발생한 결손금은 종합소득 과세표준을 계산할 때 공제한다.
④ 부부가 각각 주택을 1채씩 보유한 상태에서 그 중 1주택을 임대하고 연간 1,800만원의 임대료를 받았을 경우 주택임대에 따른 과세소득은 분리과세와 종합과세를 선택할 수 있다.
⑤ 임대보증금의 간주임대료를 계산하는 과정에서 금융수익을 차감할 때 그 금융수익은 수입이자와 할인료, 수입배당금, 유가증권처분이익으로 한다.

톺아보기

⑤ 임대보증금의 간주임대료를 계산하는 과정에서 금융수익을 차감할 때 그 금융수익에 수입이자와 할인료, 수입배당금은 포함되지만, 유가증권처분이익은 차감하지 않는다.
★ ① 공익사업과 무관한 지상권의 대여로 인한 소득은 부동산임대업에서 발생한 소득에 포함한다.

정답 | 02 ⑤ 03 ⑤

04 「소득세법」상 부동산임대업에서 발생한 소득에 관한 설명으로 틀린 것은? 제33회

① 해당 과세기간의 주거용 건물 임대업을 제외한 부동산임대업에서 발생한 결손금은 그 과세기간의 종합소득 과세표준을 계산할 때 공제하지 않는다.
② 사업소득에 부동산임대업에서 발생한 소득이 포함되어 있는 사업자는 그 소득별로 구분하여 회계처리하여야 한다.
③ 3주택(주택 수에 포함되지 않는 주택 제외) 이상을 소유한 거주자가 주택과 주택부수토지를 임대(주택부수토지만 임대하는 경우 제외)한 경우에는 법령으로 정하는 바에 따라 계산한 금액(간주임대료)을 총수입금액에 산입한다.
④ 간주임대료 계산시 3주택 이상 여부 판정에 있어 주택 수에 포함되지 않는 주택이란 주거의 용도로만 쓰이는 면적이 1호 또는 1세대당 $40m^2$ 이하인 주택으로서 해당 과세기간의 기준시가가 2억원 이하인 주택을 말한다.
⑤ 해당 과세기간에 분리과세 주택임대소득이 있는 거주자(종합소득 과세표준이 없거나 결손금이 있는 거주자 포함)는 그 종합소득 과세표준을 그 과세기간의 다음 연도 5월 1일부터 5월 31일까지 신고하여야 한다.

톺아보기

단순히 3주택만을 소유하는 경우에 간주임대료를 총수입금액에 산입하는 것은 아니며, 3주택 이상을 소유하면서 보증금 등의 합계액이 3억원을 초과하는 경우 총수입금액에 산입한다.

05 주택임대사업자인 거주자 甲의 국내주택 임대현황(A, B, C 각 주택의 임대기간: 2025.1.1.~2025.12.31.)을 참고하여 계산한 주택임대에 따른 2025년 귀속 사업소득의 총수입금액은? (단, 법령에 따른 적격증명서류를 수취·보관하고 있고, 기획재정부령으로 정하는 이자율은 연 4%로 가정하며 주어진 조건 이외에는 고려하지 않음)

제34회 수정

구분 (주거전용면적)	보증금	월세[1]	기준시가
A주택(85m^2)	3억원	50만원	5억원
B주택(40m^2)	1억원	–	2억원
C주택(109m^2)	5억원	100만원	7억원

1) 월세는 매월 수령하기로 약정한 금액임

① 0원
② 1,680만원
③ 1,800만원
④ 3,240만원
⑤ 5,400만원

톺아보기

㉠ 부동산임대사업소득금액의 총수입금액(1,800만원) = 임대료(1,800만원) + 간주임대료 + 관리비수입(공공요금 제외) + 보험차익
㉡ 임대료(1,800만원) = A주택과 C주택의 월임대료 합계액 150만원 × 12개월
㉢ B주택의 주거용 전용면적이 40m^2 이하이면서 기준시가 2억원 이하인 주택이므로 전세보증금에 대한 간주임대료 계산시 주택 수에서 제외된다. 해당 문제는 2주택으로 보기 때문에, 간주임대료를 총수입금액에 포함하지 않는다.
∴ 총수입금액은 1,800만원이다.

정답 | 04 ③ 05 ③

06 소득세법령상 거주자의 부동산과 관련된 사업소득에 관한 설명으로 옳은 것은?

제35회

① 해당 과세기간의 종합소득금액이 있는 거주자(종합소득과세표준이 없거나 결손금이 있는 거주자를 포함한다)는 그 종합소득과세표준을 그 과세기간의 다음 연도 5월 1일부터 5월 31일까지 대통령령으로 정하는 바에 따라 납세지 관할 세무서장에게 신고하여야 하며, 해당 과세기간에 분리과세 주택임대소득이 있는 경우에도 이를 적용한다.
② 공장재단을 대여하는 사업은 부동산임대업에 해당되지 않는다.
③ 해당 과세기간의 주거용 건물 임대업을 제외한 부동산임대업에서 발생한 결손금은 그 과세기간의 종합소득 과세표준을 계산할 때 공제한다.
④ 「공익사업을 위한 토지 등의 취득 및 보상에 관한 법률」제4조에 따른 공익사업과 관련하여 지역권을 설정함으로써 발생하는 소득은 부동산업에서 발생하는 소득에 해당한다.
⑤ 사업소득에 부동산임대업에서 발생한 소득이 포함되어 있는 사업자는 그 소득별로 구분하지 않고 회계처리하여야 한다.

톺아보기

오답해설
② 공장재단을 대여하는 사업은 부동산임대업에 해당한다.
③ 해당 과세기간의 주거용 건물 임대업을 제외한 부동산임대업에서 발생한 결손금은 그 과세기간의 종합소득과세표준을 계산할 때 공제하지 아니한다.
④ 「공익사업을 위한 토지 등의 취득 및 보상에 관한 법률」제4조에 따른 공익사업과 관련하여 지역권을 설정함으로써 발생하는 소득은 부동산업에서 발생하는 소득에 해당하지 아니하며 기타소득에 해당한다.
⑤ 사업소득에 부동산임대업에서 발생한 소득이 포함되어 있는 사업자는 그 소득별로 구분하여 회계처리하여야 한다.

정답 | 06 ①

제3장 / 양도소득세

기본서 p.266~360

01 「소득세법」상 거주자의 양도소득세 과세대상에 관한 설명으로 **틀린** 것은? (단, 양도자산은 국내자산임)

제28회

① 무상이전에 따라 자산의 소유권이 변경된 경우에는 과세대상이 되지 아니한다.
② 부동산에 관한 권리 중 지상권의 양도는 과세대상이다.
③ 사업용 건물과 함께 양도하는 영업권은 과세대상이다.
④ 법인의 주식을 소유하는 것만으로 시설물을 배타적으로 이용하게 되는 경우 그 주식의 양도는 과세대상이다.
⑤ 등기되지 않은 부동산임차권의 양도는 과세대상이다.

톺아보기

⑤ 부동산임차권은 등기된 부동산임차권이 과세대상이며, 등기되지 않은 부동산임차권은 과세대상이 아니다.
★ ① 무상이전에 따라 자산의 소유권이 변경된 경우에는 양도소득세 과세대상이 되지 아니한다.
★ ③ 사업용 건물과 함께 양도하는 영업권은 양도소득세 과세대상이다.

더 알아보기

양도소득세 과세대상

구분	과세대상 O	과세대상 X
부동산 및 부동산에 관한 권리	1. 토지, 건물(건물에 부속된 시설물과 구축물 포함) 2. 부동산에 관한 권리 　㉠ 부동산 사용·수익에 관한 권리 　　• 지상권, 전세권 　　• 등기된 부동산임차권 　㉡ 부동산을 취득할 수 있는 권리 　　• 아파트당첨권 등 　　• 토지상환채권 및 주택상환사채	1. 지역권 2. 미등기 부동산임차권 3. 저작권, 상표권 등 무체재산권 4. 점포임차권 5. 영업권만 단독으로 양도하는 경우 ⇨ 기타소득 6. 이축권 가액을 별도로 평가하여 구분 신고하는 경우 ⇨ 기타소득

정답 | 01 ⑤

	• 부동산매매계약을 체결한 자가 계약금만 지급한 상태에서 양도하는 권리
	3. 기타 자산
	  ㉠ 특정주식
	  ㉡ 부동산과다보유법인주식
	  ㉢ 사업에 사용하는 자산과 함께 양도하는 영업권
	  ㉣ 특정시설물이용회원권
	  ㉤ 부동산과 함께 양도하는 이축권	

유가증권	1. 비상장법인의 주식
	2. 주권상장법인의 주식
	  ㉠ 대주주가 양도하는 주식
	  ㉡ 장외거래하는 주식
	3. 외국법인이 발행하였거나 외국에 있는 시장에 상장된 주식 등으로서 대통령령으로 정하는 것
		주권상장법인의 주식을 소액주주가 장내거래하는 경우

파생상품	파생결합증권, 장내파생상품 또는 장외파생상품 중 법령에 정하는 것	이자소득과 배당소득에 따른 파생상품의 거래 또는 행위로부터의 이익
신탁수익권	신탁의 이익을 받을 권리의 양도로 발생하는 소득	수익증권 및 투자신탁의 수익권 등 대통령령으로 정하는 수익권

02 소득세법령상 다음의 국내자산 중 양도소득세 과세대상에 해당하는 것을 모두 고른 것은? (단, 비과세와 감면은 고려하지 않음) 제35회

상 중 하

㉠ 토지 및 건물과 함께 양도하는 「개발제한구역의 지정 및 관리에 관한 특별조치법」에 따른 이축권(해당 이축권 가액을 대통령령으로 정하는 방법에 따라 별도로 평가하여 신고하지 않음)
㉡ 조합원입주권
㉢ 지역권
㉣ 부동산매매계약을 체결한 자가 계약금만 지급한 상태에서 양도하는 권리

① ㉠, ㉢   ② ㉡, ㉣   ③ ㉠, ㉡, ㉣
④ ㉡, ㉢, ㉣   ⑤ ㉠, ㉡, ㉢, ㉣

톺아보기

㉠㉡㉣은 양도소득세 과세대상이지만, ㉢ 지역권은 과세대상이 아니다.

03 상중하

소득세법령상 거주자의 양도소득세 과세대상은 모두 몇 개인가? (단, 국내소재 자산을 양도한 경우임) 제34회

- 전세권
- 등기되지 않은 부동산임차권
- 사업에 사용하는 토지 및 건물과 함께 양도하는 영업권
- 토지 및 건물과 함께 양도하는 「개발제한구역의 지정 및 관리에 관한 특별조치법」에 따른 이축권(해당 이축권의 가액을 대통령령으로 정하는 방법에 따라 별도로 평가하여 신고함)

① 0개 ② 1개 ③ 2개 ④ 3개 ⑤ 4개

톺아보기

과세대상은 전세권, 사업에 사용하는 토지 및 건물과 함께 양도하는 영업권으로 모두 2개이다.
- 등기되지 않은 부동산임차권: 과세대상 아님
- 토지 및 건물과 함께 양도하는 「개발제한구역의 지정 및 관리에 관한 특별조치법」에 따른 이축권(해당 이축권의 가액을 대통령령으로 정하는 방법에 따라 별도로 평가하여 신고함): 과세대상 아님(기타소득)

정답 | 02 ③ 03 ③

04 「소득세법」상 양도에 해당하는 것은? (단, 거주자의 국내자산으로 가정함) 제28회

① 「도시개발법」이나 그 밖의 법률에 따른 환지처분으로 지목이 변경되는 경우
② 부담부증여시 그 증여가액 중 채무액에 해당하는 부분을 제외한 부분
③ 「소득세법 시행령」 제151조 제1항에 따른 양도담보계약을 체결한 후 채무불이행으로 인하여 당해 자산을 변제에 충당한 때
④ 매매원인무효의 소에 의하여 그 매매사실이 원인무효로 판시되어 소유권이 환원되는 경우
⑤ 본인 소유자산을 경매로 인하여 본인이 재취득한 경우

톺아보기

★ 양도담보목적으로의 이전은 양도에 해당하지 않지만, 양도담보계약을 체결한 후 채무불이행으로 인하여 당해 자산을 변제에 충당한 경우에는 양도에 해당한다.

더 알아보기

양도에 해당하는 경우(사실상/유상/이전)	양도에 해당하지 않는 경우
1. 매매 2. 교환(거래당사자 모두) 3. 법인에 현물출자 4. 대물변제 　• 금전적 채무에 갈음하여 부동산 등을 이전 　• 이혼의 위자료지급에 갈음하여 부동산 등을 이전 　• 손해배상의 위자료지급에 갈음하여 부동산 등을 이전 　• 조세의 물납 　🔍 1세대 1주택 비과세 요건을 갖춘 주택을 대물변제하는 경우에는 비과세 5. 배우자·직계존비속 이외의 자간의 부담부증여(수증자가 인수하는 채무상당액) 6. 수용 7. 경매·공매 8. 담보로 이전된 부동산을 채무불이행으로 매각(변제충당) 9. 매입한 체비지를 매각하는 경우 10. 환지처분에 의해 환지받은 토지로서 해당 권리면적이 감소된 경우 11. 지분변동(지분감소)하는 공유물 분할	1. 무상이전 2. 양도담보 3. 공유물의 단순분할 4. 환지로 인한 지번 또는 지목변경 5. 보류지(공공용지, 체비지)로 충당되는 토지 6. 지적경계선 변경을 위한 토지의 교환(단, 분할된 토지의 전체 면적이 분할 전 토지의 전체 면적의 100분의 20을 초과하지 아니할 것) 7. 매매원인무효의 소에 의하여 그 매매사실이 원인무효로 판시되어 소유권이 환원 8. 법원의 확정판결에 의하여 신탁해지를 원인으로 소유권이전등기를 하는 경우 9. 배우자·직계존비속간의 양도(증여로 추정. 단, 대가관계가 입증되는 경우 ⇨ 양도 ○) 10. 「민법」 규정에 의한 재산분할로 인한 경우 11. 경매된 자산을 자기가 재취득하는 경우

05 「소득세법」상 양도에 해당하는 것으로 옳은 것은? 제26회

① 법원의 확정판결에 의하여 신탁해지를 원인으로 소유권이전등기를 하는 경우
② 법원의 확정판결에 의한 이혼위자료로 배우자에게 토지의 소유권을 이전하는 경우
③ 공동소유의 토지를 공유자 지분 변경 없이 2개 이상의 공유토지로 분할하였다가 공동지분의 변경 없이 그 공유토지를 소유지분별로 단순히 재분할하는 경우
④ 본인 소유자산을 경매·공매로 인하여 자기가 재취득하는 경우
⑤ 매매원인무효의 소에 의하여 그 매매사실이 원인무효로 판시되어 환원될 경우

톺아보기

★ ② 이혼시 위자료로 양도소득세 과세대상의 소유권을 이전하는 경우에는 양도에 해당한다. 한편, 재산분할로 이전하는 경우에는 양도에 해당하지 않는다.

오답해설
① 신탁해지를 원인으로 소유권이전등기를 하는 경우에는 양도에 해당하지 않는다.
③ 공동소유의 토지를 단순히 재분할하는 경우에는 양도에 해당하지 않는다. 다만, 지분이 감소된 경우로서 유상이전에 해당하면 양도에 해당한다.
④ 경매·공매는 양도에 해당한다. 다만, 자기가 재취득하는 경우에는 양도에 해당하지 않는다.
⑤ 매매원인무효의 소에 의하여 환원된 경우에는 양도에 해당하지 않는다.

정답 | 04 ③ 05 ②

06 소득세법령상 양도소득세의 양도 또는 취득시기에 관한 내용으로 **틀린** 것은?

제34회

① 대금을 청산한 날이 분명하지 아니한 경우에는 등기부·등록부 또는 명부 등에 기재된 등기·등록접수일 또는 명의개서일
② 상속에 의하여 취득한 자산에 대하여는 그 상속이 개시된 날
③ 대금을 청산하기 전에 소유권이전등기를 한 경우에는 등기부에 기재된 등기접수일
④ 자기가 건설한 건축물로서 건축허가를 받지 아니하고 건축하는 건축물에 있어서는 그 사실상의 사용일
⑤ 완성되지 아니한 자산을 양도한 경우로서 해당 자산의 대금을 청산한 날까지 그 목적물이 완성되지 아니한 경우에는 해당 자산의 대금을 청산한 날

톺아보기

완성되지 아니한 자산을 양도한 경우로서 해당 자산의 대금을 청산한 날까지 그 목적물이 완성되기 아니한 경우에는 양도 또는 취득시기는 그 목적물이 완성된 날이다.

더 알아보기

구분			양도 및 취득시기
일반적인 거래	매매 등	원칙	사실상의 대금청산일(계약상 잔금지급일 ×) 🔍 대금에는 양수인이 부담하는 양도소득세는 제외한다.
		예외	• 선등기: 등기접수일 • 대금청산일 불분명: 등기·등록접수일 또는 명의개서일
특수한 거래	장기할부매매		등기접수일·인도일 또는 사용수익일 중 빠른 날
	상속		상속개시일
	증여		증여받은 날
	자가건설 건축물	허가	• 원칙: 사용승인서 교부일 • 예외: 임시사용승인일, 사실상 사용일 중 빠른 날
		무허가	사실상 사용일
	환지처분		• 환지받은 토지: 환지 전 토지취득일 • 환지처분으로 권리면적보다 증가·감소된 토지: 환지처분 공고일의 다음 날
	미완성·미확정자산		(완성·확정 전 대금청산된 경우) 완성 또는 확정된 날
	경매		경매대금완납일
	「민법」상 시효취득		점유개시일(등기접수일 ×, 시효만료일 ×)
	법원의 무효판결로 환원된 자산의 취득		그 자산의 당초 취득일(확정판결일 ×)

수용	소유권이전등기접수일, 사실상 잔금청산일, 수용개시일(토지수용위원회가 수용을 개시하기로 결정한 날) 중 가장 빠른 날 🔍 다만, 소유권에 관한 소송으로 보상금이 공탁된 경우에는 소유권 관련 소송판결확정일

07 「소득세법」상 양도소득세 과세대상 자산의 양도 또는 취득시기로 틀린 것은? 제32회

① 「도시개발법」에 따라 교부받은 토지의 면적이 환지처분에 의한 권리면적보다 증가 또는 감소된 경우: 환지처분의 공고가 있은 날
② 기획재정부령이 정하는 장기할부조건의 경우: 소유권이전등기(등록 및 명의개서를 포함) 접수일·인도일 또는 사용수익일 중 빠른 날
③ 건축허가를 받지 않고 자기가 건설한 건축물의 경우: 그 사실상의 사용일
④ 「민법」 제245조 제1항의 규정에 의하여 부동산의 소유권을 취득하는 경우: 당해 부동산의 점유를 개시한 날
⑤ 대금을 청산한 날이 분명하지 아니한 경우: 등기부·등록부 또는 명부 등에 기재된 등기·등록접수일 또는 명의개서일

톺아보기

★ 「도시개발법」에 따라 교부받은 토지의 면적이 환지처분에 의한 권리면적보다 증가 또는 감소된 경우: 환지처분의 공고가 있은 날의 다음 날

더 알아보기

자기가 건설한 건축물에 있어서는 「건축법」 제22조 제2항에 따른 사용승인서 교부일을 양도 또는 취득의 시기로 한다. 다만, 사용승인서 교부일 전에 사실상 사용하거나 같은 조 제3항 제2호에 따른 임시사용승인을 받은 경우에는 그 사실상의 사용일 또는 임시사용승인을 받은 날 중 빠른 날로 하고 건축허가를 받지 아니하고 건축하는 건축물에 있어서는 그 사실상의 사용일로 한다.

정답 | 06 ⑤ 07 ①

08 「소득세법」상 거주자의 양도소득세 비과세에 관한 설명으로 옳은 것은? 제27회 수정

① 국내에 1주택만을 보유하고 있는 1세대가 해외이주로 세대전원이 출국하는 경우 출국일로부터 3년이 되는 날 해당 주택을 양도하면 비과세된다.
② 법원의 결정에 의하여 양도 당시 취득에 관한 등기가 불가능한 미등기 주택은 양도소득세 비과세가 배제되는 미등기 양도자산에 해당하지 않는다.
③ 직장의 변경으로 세대전원이 다른 시로 주거를 이전하는 경우 6개월간 거주한 1주택을 양도하면 비과세된다.
④ 양도 당시 실지거래가액이 13억원인 1세대 1주택의 양도로 발생하는 양도차익 전부가 비과세된다.
⑤ 농지를 교환할 때 쌍방 토지가액의 차액이 가액이 큰 편의 3분의 1인 경우 발생하는 소득은 비과세된다.

톺아보기

② 법원의 결정에 의하여 양도 당시 취득에 관한 등기가 불가능한 미등기 주택(자산)은 등기의제에 해당하여 미등기 양도자산이 아니다.

오답해설

① 국내에 1주택만을 보유하고 있는 1세대가 해외이주로 세대전원이 출국하는 경우 출국일로부터 2년 이내 해당 주택을 양도하면 비과세된다.
③ 직장의 변경으로 세대전원이 다른 시로 주거를 이전하는 경우 6개월간 거주한 1주택을 양도하면 비과세를 적용받을 수 없으며, 1년 이상 거주한 경우이어야 한다.
④ 고가주택의 경우 실지거래가액 12억원 초과분에 한하여 과세한다.
⑤ 농지를 교환할 때 쌍방 토지가액의 차액이 가액이 큰 편의 4분의 1인 경우 발생하는 소득이 비과세된다.

더 알아보기

1. **1세대 1주택 비과세**
   - **일반적인 경우**: 양도일 현재 1세대가 국내에 등기된 1주택과 이에 딸린 토지를 2년(비거주자가 해당 주택을 3년 이상 계속 보유하고 그 주택에서 거주한 상태로 거주자로 전환된 경우에는 3년) 이상 보유한 후 양도하는 경우에는 거주자에 대하여 양도소득세를 과세하지 아니한다.
   - **조정지역 내 주택의 경우**: 취득 당시에 조정지역에 있는 주택의 경우에는 해당 주택의 보유기간이 2년(비거주자가 해당 주택을 3년 이상 계속 보유하고 그 주택에서 거주한 상태로 거주자로 전환된 경우에는 3년) 이상이고 그 보유기간 중 거주기간이 2년 이상인 것이어야 한다.

2. **2년 이상 보유기간 요건을 충족하지 아니하더라도 비과세가 적용되는 경우**

구분	내용
5년 이상 거주한 경우	건설임대주택의 임차일부터 해당 주택의 양도일까지의 거주기간이 5년 이상인 경우
1년 이상 거주한 경우	• 「초·중등교육법」에 의한 학교(유치원·초등학교 및 중학교를 제외) 및 「고등교육법」에 의한 학교에의 취학 • 직장의 변경이나 전근 등 근무상의 형편(사업상의 형편은 제외) • 1년 이상의 치료나 요양을 필요로 하는 질병의 치료 또는 요양 • 학교폭력으로 인한 전학
거주기간·보유기간 무관	• 주택 및 그 부수토지의 전부 또는 일부가 「공익사업을 위한 토지 등의 취득 및 보상에 관한 법률」에 의한 협의매수·수용 및 그 밖의 법률에 의하여 수용되는 경우(양도 또는 수용일부터 5년 이내에 양도하는 그 잔존주택 및 부수토지 포함) • 국외이주 또는 1년 이상 계속하여 국외거주를 필요로 하는 취학 또는 근무상의 형편으로 세대전원이 출국하는 경우. 다만, 출국일 현재 1주택을 보유하고 있는 경우로서 출국일부터 2년 이내에 양도하는 경우에 한한다.

정답 | 08 ②

09 소득세법령상 거주자의 양도소득세 비과세에 관한 설명으로 틀린 것은? (단, 국내 소재 자산을 양도한 경우임)   제34회

① 파산선고에 의한 처분으로 발생하는 소득은 비과세된다.
② 「지적재조사에 관한 특별법」에 따른 경계의 확정으로 지적공부상의 면적이 감소되어 같은 법에 따라 지급받는 조정금은 비과세된다.
③ 건설사업자가 「도시개발법」에 따라 공사용역 대가로 취득한 체비지를 토지구획환지처분공고 전에 양도하는 토지는 양도소득세 비과세가 배제되는 미등기 양도자산에 해당하지 않는다.
④ 「도시개발법」에 따른 도시개발사업이 종료되지 아니하여 토지 취득등기를 하지 아니하고 양도하는 토지는 양도소득세 비과세가 배제되는 미등기 양도자산에 해당하지 않는다.
⑤ 국가가 소유하는 토지와 분합하는 농지로서 분합하는 쌍방 토지가액의 차액이 가액이 큰 편의 4분의 1을 초과하는 경우 분합으로 발생하는 소득은 비과세된다.

톺아보기

국가가 소유하는 토지와 분합하는 농지로서 분합하는 쌍방 토지가액의 차액이 가액이 큰 편의 4분의 1 이하인 경우 분합으로 발생하는 소득은 비과세된다.

더 알아보기

1. 비과세대상
   양도소득세가 비과세되는 소득은 다음과 같다.
   - 파산선고에 의한 처분으로 인하여 발생하는 소득
   - 법령에 의한 농지의 교환
   - 법령에 의한 농지의 분합
   - 「지적재조사에 관한 특별법」 제18조에 따른 경계의 확정으로 지적공부상의 면적이 감소되어 지급받은 조정금
   - 1세대 1주택(고가주택 제외)과 부수토지
2. 농지의 교환 또는 분합으로 인한 양도소득세 비과세
   ㉠ 교환 또는 분합의 요건: 교환 또는 분합하는 쌍방 토지가액의 차액이 큰 편의 4분의 1 이하
   ㉡ 교환 또는 분합의 사유
   - 국가·지방자치단체의 시행사업으로 인하여 교환·분합하는 농지
   - 국가·지방자치단체 소유의 토지와 교환·분합하는 농지
   - 「농어촌정비법」 등에 의하여 교환·분합하는 농지
   - 경작상 필요에 의하여 교환하는 농지. 단, 신농지에서 3년 이상 거주경작하는 경우에 한한다.

10

1세대 1주택 요건을 충족하는 거주자 甲이 다음과 같은 단층 겸용주택(주택은 국내 상시주거용이며, 도시지역의 녹지지역 내에 존재)을 7억원에 양도하였을 경우 양도소득세가 과세되는 건물면적과 토지면적으로 옳은 것은? (단, 주어진 조건 외에는 고려하지 않음)

제26회 수정

- 건물: 주택 80m², 상가 120m²
- 토지: 건물 부수토지 800m²

① 건물 120m², 토지 320m²
② 건물 120m², 토지 400m²
③ 건물 120m², 토지 480m²
④ 건물 200m², 토지 400m²
⑤ 건물 200m², 토지 480m²

톺아보기

1세대 1주택 비과세 요건을 충족한 1세대 1주택으로서 겸용주택에 해당하는 경우 주택면적이 주택 외의 면적보다 적거나 같을 경우에는 주택 외의 부분은 주택으로 보지 아니하므로 과세된다.

구분	건물면적	토지면적(1.과 2. 중 적은 면적 비과세)
주택	80m² ⇨ 비과세	1. $800m^2 \times \left(\dfrac{80m^2}{200m^2}\right) = 320m^2$
상가	120m² ⇨ 과세	2. $80m^2 \times 5배 = 400m^2$

즉, 건물부분에서는 상가면적 120m²가 과세되며, 토지부분에서는 480m²(= 800m² − 320m²)가 과세된다.

더 알아보기

구분	건물분 비과세	토지분 비과세(1.과 2. 중 적은 면적)
주택면적 > 주택 이외 면적	전부 주택 (전부 비과세)	1. 총 토지면적 2. 주택정착면적 × 3배 또는 5배(도시지역 밖은 10배)
주택면적 ≤ 주택 이외 면적	주택만 주택 (주거부분만 비과세)	1. 토지면적 × (주택면적 ÷ 건물 연면적) 2. 주택정착면적 × 3배 또는 5배(도시지역 밖은 10배)

단, 고가주택이 겸용주택인 경우에는 주거면적이 주거 이외 면적보다 큰 경우에도 주거부분과 주거 이외 부분을 분리하여 과세한다.

정답 | 09 ⑤ 10 ③

11

「소득세법 시행령」 제155조 '1세대 1주택의 특례'에 관한 조문의 내용이다. (   )에 들어갈 숫자로 옳은 것은?

제33회 수정

- 영농의 목적으로 취득한 귀농주택으로서 수도권 밖의 지역 중 면지역에 소재하는 주택과 일반주택을 국내에 각각 1개씩 소유하고 있는 1세대가 귀농주택을 취득한 날부터 (㉠)년 이내에 일반주택을 양도하는 경우에는 국내에 1개의 주택을 소유하고 있는 것으로 보아 제154조 제1항을 적용한다.
- 취학 등 부득이한 사유로 취득한 수도권 밖에 소재하는 주택과 일반주택을 국내에 각각 1개씩 소유하고 있는 1세대가 부득이한 사유가 해소된 날부터 (㉡)년 이내에 일반주택을 양도하는 경우에는 국내에 1개의 주택을 소유하고 있는 것으로 보아 제154조 제1항을 적용한다.
- 1주택을 보유하는 자가 1주택을 보유하는 자와 혼인함으로써 1세대가 2주택을 보유하게 되는 경우 혼인한 날부터 (㉢)년 이내에 먼저 양도하는 주택은 이를 1세대 1주택으로 보아 제154조 제1항을 적용한다.

① ㉠: 2, ㉡: 2, ㉢: 5
② ㉠: 2, ㉡: 3, ㉢: 10
③ ㉠: 3, ㉡: 2, ㉢: 5
④ ㉠: 5, ㉡: 3, ㉢: 10
⑤ ㉠: 5, ㉡: 5, ㉢: 10

톺아보기

㉠은 5, ㉡은 3, ㉢은 10이다.

- 영농의 목적으로 취득한 귀농주택으로서 수도권 밖의 지역 중 면지역에 소재하는 주택과 일반주택을 국내에 각각 1개씩 소유하고 있는 1세대가 귀농주택을 취득한 날부터 5년 이내에 일반주택을 양도하는 경우에는 국내에 1개의 주택을 소유하고 있는 것으로 보아 제154조 제1항을 적용한다.
- 취학 등 부득이한 사유로 취득한 수도권 밖에 소재하는 주택과 일반주택을 국내에 각각 1개씩 소유하고 있는 1세대가 부득이한 사유가 해소된 날부터 3년 이내에 일반주택을 양도하는 경우에는 국내에 1개의 주택을 소유하고 있는 것으로 보아 제154조 제1항을 적용한다.
- 1주택을 보유하는 자가 1주택을 보유하는 자와 혼인함으로써 1세대가 2주택을 보유하게 되는 경우 혼인한 날부터 10년 이내에 먼저 양도하는 주택은 이를 1세대 1주택으로 보아 제154조 제1항을 적용한다.

더 알아보기

1세대 2주택 특례

구분	2주택 해소기간	비과세대상	비과세 요건
거주이전	종전 주택 취득 후 1년 경과 및 신규 주택 취득일부터 3년 이내	종전의 주택	양도하는 해당 주택만 양도일 현재 2년 이상 보유
동거봉양	합친 날부터 10년 이내	먼저 양도하는 주택	
혼인	혼인한 날부터 10년 이내		

수도권 밖의 주택	사유해소일부터 3년 이내	일반주택	
상속주택	해소기간 제한 없음 🔍 귀농주택의 경우에는 그 주택을 취득한 날부터 5년 이내에 일반주택을 양도하여야 함		
등록문화유산주택			
농어촌주택			
장기임대주택		거주주택	2년 이상 보유 및 보유기간 중 2년 이상 거주
장기어린이집주택			

12 상중하

「소득세법」상 거주자의 국내 소재 1세대 1주택인 고가주택과 그 양도소득세에 관한 설명으로 틀린 것은?

제31회 수정

① 거주자가 2024년 취득 후 계속 거주한 법령에 따른 고가주택을 2025년 5월에 양도하는 경우 장기보유특별공제의 대상이 되지 않는다.

② "고가주택"이란 기준시가 12억원을 초과하는 주택을 말한다.

③ 법령에 따른 고가주택에 해당하는 자산의 장기보유특별공제액은 「소득세법」 제95조 제2항에 따른 장기보유특별공제액에 "양도가액에서 12억원을 차감한 금액이 양도가액에서 차지하는 비율"을 곱하여 산출한다.

④ 법령에 따른 고가주택에 해당하는 자산의 양도차익은 「소득세법」 제95조 제1항에 따른 양도차익에 "양도가액에서 12억원을 차감한 금액이 양도가액에서 차지하는 비율"을 곱하여 산출한다.

⑤ 「건축법 시행령」 [별표 1]에 의한 다가구주택을 구획된 부분별로 양도하지 아니하고 하나의 매매단위로 양도하여 단독주택으로 보는 다가구주택의 경우에는 그 전체를 하나의 주택으로 보아 법령에 따른 고가주택 여부를 판단한다.

톺아보기

★ 양도소득세에서 1세대 1주택 비과세가 배제되는 '고가주택'이란 주택 및 이에 딸린 토지의 양도 당시의 실지거래가액 합계액이 12억원을 초과하는 주택을 말한다.

정답 | 11 ④ 12 ②

13

2017년 취득 후 등기한 토지를 2025년 6월 15일에 양도한 경우, 「소득세법」상 토지의 양도차익계산에 관한 설명으로 <u>틀린</u> 것은? (단, 특수관계자와의 거래가 아님)

제26회 수정

① 취득 당시 실지거래가액을 확인할 수 없는 경우에는 매매사례가액, 환산취득가액, 감정가액, 기준시가를 순차로 적용하여 산정한 가액을 취득가액으로 한다.
② 양도와 취득시의 실지거래가액을 확인할 수 있는 경우에는 양도가액과 취득가액을 실지거래가액으로 산정한다.
③ 취득가액을 실지거래가액으로 계산하는 경우 자본적 지출액은 필요경비에 포함된다.
④ 취득가액을 매매사례가액으로 계산하는 경우 취득 당시 개별공시지가에 100분의 3을 곱한 금액이 필요경비에 포함된다.
⑤ 양도가액을 기준시가에 따를 때에는 취득가액도 기준시가에 따른다.

톺아보기

★ ① 양도차익을 계산하는 경우에 취득 당시 실지거래가액을 확인할 수 없는 경우에는 매매사례가액, 감정가액, 환산취득가액 또는 기준시가를 순차로 적용하여 산정한다.
★ ⑤ 양도가액을 기준시가에 따를 때에는 취득가액도 기준시가에 따른다.

더 알아보기

1. 양도차익의 계산

구분		양도가액	취득가액	기타 필요경비
원칙	실지거래가액	실지양도가액	실지취득가액	자본적 지출액 + 양도비
특례	실지거래가액이 불인정·미확인되어 추계결정·경정하는 경우	• 매매사례가액 • 감정가액	• 매매사례가액 • 감정가액 • 환산취득가액	필요경비개산공제 [취득 당시 기준시가 × 공제율(3%, 7%, 1%)]
		기준시가	기준시가	

2. 양도소득세 계산구조

```
      양도가액
    - 필요경비
      양도차익
    - 장기보유특별공제액
      양도소득금액
    - 양도소득기본공제액
      양도소득과세표준
    × 세율
      양도소득 산출세액
```

3. 추계결정·경정의 적용순서

구분	적용순서
양도가액이 불분명한 경우	매매사례가액 ⇨ 감정가액 ⇨ 기준시가
취득가액이 불분명한 경우	매매사례가액 ⇨ 감정가액 ⇨ 환산취득가액 ⇨ 기준시가

4. 추계결정의 가액
   ㉠ **매매사례가액**: 양도일 또는 취득일 전후 각 3개월 이내에 해당 자산(주권상장법인의 주식 등은 제외)과 동일성 또는 유사성이 있는 자산의 매매사례가 있는 경우 그 가액
   ㉡ **감정가액**: 양도일 또는 취득일 전후 각 3개월 이내에 해당 자산(주식 등은 제외)에 대하여 둘 이상의 감정평가법인 등이 평가한 것으로서 신빙성이 있는 것으로 인정되는 감정가액(감정평가기준일이 양도일 또는 취득일 전후 각 3개월 이내인 것에 한함)이 있는 경우에는 그 감정가액의 평균액. 다만, 기준시가가 10억원 이하인 자산(주식 등은 제외)의 경우에는 하나의 감정평가법인 등이 평가한 것으로서 신빙성이 있는 것으로 인정되는 감정가액
   ㉢ **환산취득가액**: 토지·건물 및 부동산을 취득할 수 있는 권리의 경우에는 다음 산식에 의하여 계산한 가액

   $$환산취득가액 = 양도\ 당시의\ 실지거래가액\ 등 \times \left(\frac{취득\ 당시의\ 기준시가}{양도\ 당시의\ 기준시가}\right)$$

   ㉣ **기준시가**: 국세를 부과함에 있어 「소득세법」의 규정에 따라 산정한 가액으로서 양도자산의 양도가액 또는 취득가액의 계산에 있어 기준이 되는 가액을 말한다.
   ㉤ **감정가액 또는 환산취득가액 적용에 따른 가산세**
   - 거주자가 건물을 신축 또는 증축(증축의 경우 바닥면적 합계가 85m²를 초과하는 경우에 한정)하고 그 건물의 취득일 또는 증축일부터 5년 이내에 해당 건물을 양도하는 경우로서 감정가액 또는 환산취득가액을 그 취득가액으로 하는 경우에는 해당 건물 감정가액(증축의 경우 증축한 부분에 한함) 또는 환산취득가액(증축의 경우 증축한 부분에 한함)의 100분의 5에 해당하는 금액을 양도소득 결정세액에 더한다.
   - 위의 내용은 양도소득 산출세액이 없는 경우에도 적용한다.

정답 | 13 ①

제3장 양도소득세 133

14 상중하

「소득세법」상 사업소득이 있는 거주자가 실지거래가액에 의해 부동산의 양도차익을 계산하는 경우 양도가액에서 공제할 자본적 지출액 또는 양도비에 포함되지 <u>않는</u> 것은? (단, 자본적 지출액에 대해서는 법령에 따른 증명서류가 수취·보관되어 있음)

제27회

① 자산을 양도하기 위하여 직접 지출한 양도소득세과세표준 신고서 작성비용
② 납부의무자와 양도자가 동일한 경우 「재건축초과이익 환수에 관한 법률」에 따른 재건축부담금
③ 양도자산의 이용편의를 위하여 지출한 비용
④ 양도자산의 취득 후 쟁송이 있는 경우 그 소유권을 확보하기 위하여 직접 소요된 소송비용으로서 그 지출한 연도의 각 사업소득금액 계산시 필요경비에 산입된 금액
⑤ 자산을 양도하기 위하여 직접 지출한 공증비용

톺아보기

양도자산의 취득 후 쟁송이 있는 경우 그 소유권을 확보하기 위하여 직접 소요된 소송비용으로서 그 지출한 연도의 각 사업소득금액 계산시 필요경비에 산입된 금액은 포함하지 않는다.

더 알아보기

실지거래가액을 적용하여 양도차익을 계산하는 경우의 필요경비 포함 여부

필요경비에 포함	필요경비에 불포함
• 현재가치할인차금, 잔존재화에 부과된 부가가치세, 과세사업자가 면세사업자로 전환됨에 따라 납부한 부가가치세 • 취득세, 등록면허세 등 취득 관련 조세, 등기비용, 컨설팅 비용 • 거래당사자간에 대금지급방법에 따라 지급하기로 한 이자 • 자본적 지출액(예 개량비, 수선비, 이용의 편의에 소요된 비용 등) • 취득시 발생한 소송비용, 화해비용 • 양도직접비용(예 양도소득세신고서 작성비용, 공증비용, 계약서 작성비용, 소개비, 국민주택채권의 채권매각차손 등) • 개발부담금, 재건축부담금, 농지전용부담금 • 매매계약서상의 인도의무를 이행하기 위해 양도자가 지출한 명도소송비 등 명도비용	• 부당행위계산에 의한 시가초과액 • 재산세, 종합부동산세, 상속세, 증여세(이월과세특례가 적용되는 경우에는 예외적으로 필요경비에 포함) • 사업자가 납부한 부가가치세로서 매입세액공제를 받는 것 • 대금지급 지연이자, 주택구입시 대출금이자 • 수익적 지출액(예 도장비용, 방수비용, 도배장판 비용 등) • 다른 소득금액 계산시 필요경비로 산입된 소송화해비용·감가상각비·현재가치할인차금상각액 등의 금액 • 「지적재조사에 관한 특별법」 제18조에 따른 경계의 확정으로 지적공부상의 면적이 증가되어 같은 법 제20조에 따라 징수한 조정금

정답 | 14 ④

15 「소득세법」상 거주자가 국내자산을 양도한 경우 양도소득의 필요경비에 관한 설명으로 옳은 것은?

제28회 수정

① 취득가액을 실지거래가액에 의하는 경우 당초 약정에 의한 지급기일의 지연으로 인하여 추가로 발생하는 이자 상당액은 취득원가에 포함하지 아니한다.
② 취득가액을 실지거래가액에 의하는 경우 자본적 지출액도 실지로 지출된 가액에 의하므로 「소득세법」 제160조의2 제2항에 따른 증명서류를 수취·보관하지 않고, 지출사실이 금융거래 증명서류에 의해 입증되지 않더라도 이를 필요경비로 인정한다.
③ 「소득세법」 제97조 제3항에 따른 취득가액을 계산할 때 감가상각비를 공제하는 것은 취득가액을 실지거래가액으로 하는 경우에만 적용하므로 취득가액을 환산취득가액으로 하는 때에는 적용하지 아니한다.
④ 토지를 취득함에 있어서 부수적으로 매입한 채권을 만기 전에 양도함으로써 발생하는 매각차손은 채권의 매매상대방과 관계없이 전액 양도비용으로 인정된다.
⑤ 취득세는 납부영수증이 없으면 필요경비로 인정되지 아니한다.

톺아보기

오답해설

② 자본적 지출액 등이 필요경비로 인정받기 위해서는 세금계산서, 신용카드매출전표 등의 증빙서류를 수취·보관하거나 실제 지출사실이 금융거래 증명서류(예 계좌이체 등)에 의하여 확인되어야 한다.
③ 취득가액을 계산할 때 감가상각비를 공제하는 것은 취득가액을 환산취득가액으로 하는 때에도 적용한다.
④ 토지를 취득함에 있어서 부수적으로 매입한 채권을 만기 전에 양도함으로써 발생하는 매각차손은 필요경비에 포함한다. 이 경우 금융기관 외의 자에게 양도한 경우에는 동일한 날에 금융기관에 양도하였을 경우 발생하는 매각차손을 한도로 한다.
⑤ 취득세는 납부영수증이 없어도 필요경비로 인정된다.

16

거주자 甲은 국내에 있는 양도소득세 과세대상 X토지를 2016년 시가 1억원에 매수하여 2025년 배우자 乙에게 증여하였다. X토지에는 甲의 금융기관 차입금 5,000만원에 대한 저당권이 설정되어 있었으며 乙이 이를 인수한 사실은 채무부담계약서에 의하여 확인되었다. X토지의 증여가액과 증여시 「상속세 및 증여세법」에 따라 평가한 가액(시가)은 각각 2억원이었다. 다음 중 틀린 것은? 제30회 수정

① 배우자간 부담부증여로서 수증자에게 인수되지 아니한 것으로 추정되는 채무액은 부담부증여의 채무액에 해당하는 부분에서 제외한다.
② 乙이 인수한 채무 5,000만원에 해당하는 부분은 양도로 본다.
③ 양도로 보는 부분의 취득가액은 2,500만원이다.
④ 양도로 보는 부분의 양도가액은 5,000만원이다.
⑤ 甲이 X토지와 증여가액(시가) 2억원인 양도소득세 과세대상에 해당하지 않는 Y자산을 함께 乙에게 부담부증여하였다면 乙이 인수한 채무 5,000만원에 해당하는 부분은 모두 X토지에 대한 양도로 본다.

톺아보기

양도소득세 과세대상에 해당하는 자산과 해당하지 아니하는 자산을 함께 부담부증여하는 경우로서 증여자의 채무를 수증자가 인수하는 경우 채무액은 다음 계산식에 따라 계산한다.

$$\text{채무액} = \text{총 채무액} \times \left(\frac{\text{양도소득세 과세대상 자산가액}}{\text{총 증여자산가액}}\right)$$

따라서, $2,500\text{만원} = 5,000\text{만원} \times \left(\frac{2억원}{4억원}\right)$ 이므로, 乙이 인수한 채무액은 5,000만원이 아니라 2,500만원을 X토지에 대한 양도로 본다.

17 상중하

다음은 거주자 甲의 상가건물 양도소득세 관련 자료이다. 이 경우 양도차익은? (단, 양도차익을 최소화하는 방향으로 필요경비를 선택하고, 부가가치세는 고려하지 않음)

제32회 수정

(1) 취득 및 양도 내역

	실지거래가액	기준시가	거래일자
양도 당시	5억원	4억원	2025.4.30.
취득 당시	확인 불가능	2억원	2024.3.7.

(2) 자본적 지출액 및 소개비: 2억 6,000만원(세금계산서 수취함)
(3) 주어진 자료 외에는 고려하지 않는다.

① 2억원
② 2억 4,000만원
③ 2억 4,400만원
④ 2억 5,000만원
⑤ 2억 6,000만원

톺아보기

양도차익은 양도가액에서 필요경비를 공제하여 계산한다. 이때 필요경비 계산시 취득가액을 환산취득가액으로 하는 경우 환산취득가액과 필요경비개산공제액을 합한 금액이 자본적 지출액과 양도직접비용의 합계액보다 적은 경우에는 자본적 지출액과 양도직접비용의 합계액으로 필요경비를 산정할 수 있다. 문제 조건에서 취득가액에 대한 실거래가액, 매매사례가액, 감정가액이 없으므로 취득가액은 환산취득가액으로 계산하여야 한다.

㉠ 환산취득가액(2억 5,000만원) = 양도 당시 실지거래가액(5억원) × $\dfrac{\text{취득 당시 기준시가(2억원)}}{\text{양도 당시 기준시가(4억원)}}$

㉡ 필요경비개산공제액(600만원) = 취득 당시 기준시가(2억원) × 필요경비개산공제율(3%)
㉢ 환산취득가액으로 하는 경우 필요경비 = 2억 5,600만원 ⇐ ㉠ + ㉡
㉣ 자본적 지출액과 양도비의 합계액 = 2억 6,000만원
㉤ 양도차익을 최소화하기 위한 필요경비는 2억 6,000만원이므로 양도차익은 2억 4,000만원이다.
　⇨ 양도차익(2억 4,000만원) = 양도가액(5억원) − 필요경비(2억 6,000만원)

> **더 알아보기**

1. 환산취득가액 계산식

$$\text{환산취득가액} = \text{양도 당시 실지거래가액 등} \times \left(\frac{\text{취득 당시 기준시가}}{\text{양도 당시 기준시가}}\right)$$

2. 취득 당시 실지거래가액이 인정 또는 확인되지 않는 경우(추계방법)

    취득가액을 추계방법에 의하여 구하는 경우의 필요경비는 추계방법으로 정한 취득가액과 필요경비개산공제액을 합한 금액으로 한다.

    $$\text{필요경비} = \text{취득가액(매} \Rightarrow \text{감} \Rightarrow \text{환} \Rightarrow \text{기)} + \text{기타 필요경비(필요경비개산공제액)}$$

    ㉠ **취득가액**: 장부나 그 밖의 증명서류에 의하여 해당 자산의 취득 당시의 실지거래가액을 인정 또는 확인할 수 없는 경우에는 매매사례가액, 감정가액, 환산취득가액 또는 기준시가를 순차로 적용하여 취득가액을 산정할 수 있다.

    ㉡ **필요경비개산공제액**: 양도차익을 추계방법에 의하여 계산하는 경우 기타 필요경비는 필요경비개산공제액을 적용하는데 그 내용은 다음과 같다.

    • 토지, 건물인 경우

    $$\text{취득 당시 기준시가} \times 100\text{분의 } 3(\text{미등기 양도자산의 경우: } 1{,}000\text{분의 } 3)$$

    • 지상권, 전세권, 등기된 임차권인 경우

    $$\text{취득 당시의 기준시가} \times 100\text{분의 } 7(\text{미등기 제외})$$

    • 부동산을 취득할 수 있는 권리, 기타 자산, 주식 등인 경우

    $$\text{취득 당시의 기준시가} \times 100\text{분의 } 1$$

3. 취득가액을 환산취득가액으로 하는 경우의 필요경비 산정

    취득가액을 환산취득가액으로 하는 경우로서 아래 계산식에서 ㉠의 금액이 ㉡의 금액보다 적은 경우에는 ㉡의 금액을 필요경비로 할 수 있다.

    ㉠ 필요경비 = 환산취득가액 + 필요경비개산공제액
    ㉡ 필요경비 = 자본적 지출액 + 양도직접비용

정답 | 17 ②

18 「소득세법」상 건물의 양도에 따른 장기보유특별공제에 관한 설명으로 틀린 것은?

제26회 수정

① 100분의 70의 세율이 적용되는 미등기 건물에 대해서는 장기보유특별공제를 적용하지 아니한다.
② 보유기간이 3년 이상인 등기된 상가건물은 장기보유특별공제가 적용된다.
③ 1세대 1주택 요건을 충족한 고가주택(보유기간 2년 6개월)이 과세되는 경우 장기보유특별공제가 적용된다.
④ 장기보유특별공제액은 건물의 양도차익에 보유기간별 공제율을 곱하여 계산한다.
⑤ 보유기간이 12년인 등기된 상가건물의 보유기간별 공제율은 100분의 24이다.

톺아보기

1세대 1주택 비과세 요건을 충족한 고가주택은 장기보유특별공제를 적용받을 수 있다. 이 경우 보유기간이 3년 이상인 경우에 한한다.

더 알아보기

1. 장기보유특별공제 적용대상

적용되는 경우	적용 배제되는 경우
국내에 소재하는 자산	국외에 소재하는 자산
등기 양도자산	미등기 양도자산
3년 이상 보유한 토지, 건물	3년 미만 보유한 토지, 건물
토지*, 건물, 조합원입주권 (조합원으로부터 취득한 것은 제외)	토지, 건물, 조합원입주권 이외 양도자산
조정대상지역 외 1세대 다주택의 경우	조정대상지역 내에서 1세대 2주택** 및 1세대 3주택** 이상 다주택자가 먼저 양도하는 주택 (단, 2018년 4월 1일 이후 양도하는 주택분부터 적용)

* 비사업용 토지도 공제받을 수 있다.
** 조정대상지역 내 1세대 2주택 및 1세대 3주택: 2022년 5월 10일부터 2025년 5월 9일까지 양도하는 경우에는 공제대상이 된다.

2. 장기보유특별공제액

장기보유특별공제액은 그 자산의 양도차익(조합원입주권을 양도하는 경우에는 「도시 및 주거환경정비법」에 따른 관리처분계획인가 및 「빈집 및 소규모주택 정비에 관한 특례법」에 따른 사업시행계획인가 전 토지분 또는 건물분의 양도차익으로 한정)에 보유기간별 공제율(양도소득세가 과세되는 1세대 1주택의 경우에는 보유기간별 공제율 + 거주기간별 공제율)을 곱하여 계산한 금액으로 한다.

- 일반적인 경우

  > 장기보유특별공제금액 = 양도차익 × 보유기간별 공제율(보유연수 × 2%)

- 양도소득세가 과세되는 1세대 1주택(보유기간 연 4% + 거주기간 연 4%)

  > 장기보유특별공제금액 = 양도차익 × (보유기간별 공제율 + 거주기간별 공제율)

3. 장기보유특별공제와 양도소득기본공제

구분	장기보유특별공제	양도소득기본공제
공제성격	물적 공제(양도자산별)	인적 공제(소득별)
공제대상	토지, 건물, 조합원입주권(조합원으로부터 취득은 제외)	모든 양도자산(부동산 및 부동산에 관한 권리는 등기된 것)
보유기간	3년 이상 보유시	보유기간 불문
등기여부	미등기는 배제	미등기는 배제
공제적용	보유기간 및 거주기간에 따라 차등 적용	차등 없이 동일 공제
동일 연도에 수회 양도한 경우	요건에 해당하면 양도자산별로 각각 공제	소득별로 각각 연 250만원 공제
1세대 2주택 이상 다주택	공제대상[2022년 5월 10일부터 2025년 5월 9일까지 양도하는 경우에는 공제대상 O]	공제대상
비사업용 토지	공제대상	공제대상
공제신청여부	별도의 공제신청 불필요	별도의 공제신청 불필요
공동소유자산	물건별로 공제	공동소유자 각각 공제
비거주자	공제 가능(단, 1세대 1주택에 대한 20~80%의 장기보유특별공제 확대적용은 제외)	공제 가능
국외자산양도	공제 배제	공제 가능

정답 | 18 ③

19

소득세법령상 거주자의 양도소득과세표준에 적용되는 세율에 관한 내용으로 옳은 것은? (단, 국내소재 자산을 2025년에 양도한 경우로서 주어진 자산 외에 다른 자산은 없으며, 비과세와 감면은 고려하지 않음)   제34회 수정

① 보유기간이 6개월인 등기된 상가건물: 100분의 40
② 보유기간이 10개월인「소득세법」에 따른 분양권: 100분의 70
③ 보유기간이 1년 6개월인 등기된 상가건물: 100분의 30
④ 보유기간이 1년 10개월인「소득세법」에 따른 조합원입주권: 100분의 70
⑤ 보유기간이 2년 6개월인「소득세법」에 따른 분양권: 100분의 50

톺아보기

② 보유기간이 1년 미만인「소득세법」에 따른 분양권: 100분의 70의 세율 적용

오답해설
① 보유기간이 6개월인 등기된 상가건물: 100분의 50의 세율 적용
③ 보유기간이 1년 6개월인 등기된 상가건물: 100분의 40의 세율 적용
④ 보유기간이 1년 10개월인「소득세법」에 따른 조합원입주권: 100분의 60의 세율 적용
⑤ 보유기간이 2년 6개월인「소득세법」에 따른 분양권: 100분의 60의 세율 적용

더 알아보기

1. 양도소득세 세율 정리

구분		세율
부동산·부동산에 관한 권리	원칙	기본세율(6~45%)
	예외	미등기 양도자산: 70%
		비사업용 토지: 기본세율(6~45%) + 10%
		보유기간이 1년 이상 2년 미만인 자산(주택, 조합원입주권 및 분양권 제외): 40%
		보유기간이 1년 미만인 자산(주택, 조합원입주권 및 분양권 제외): 50%
		주택 및 조합원입주권으로 보유기간이 2년 이상: 기본세율(6~45%)
		주택 및 조합원입주권으로 보유기간이 1년 이상 2년 미만: 60%
		주택 및 조합원입주권으로 보유기간이 1년 미만: 70%
		주택분양권으로 보유기간이 1년 이상: 60%
		주택분양권으로 보유기간이 1년 미만: 70%
		조정대상지역 내 1세대 2주택(2년 보유): 기본세율 + 20%*
		조정대상지역 내 1세대 3주택(2년 보유): 기본세율 + 30%*
기타 자산		(보유기간에 관계없이)기본세율(6~45%)
파생상품		20%(시행령: 10%)
신탁수익권		• 3억원 이하: 20% • 3억원 초과: 6,000만원 + 3억원 초과금액의 25%

* 2022년 5월 10일부터 2025년 5월 9일까지 양도하는 경우에는 20% 또는 30%를 적용하지 않는다.

2. 기본세율(8단계 초과누진세율)

과세표준	세율
1,400만원 이하	과세표준의 6%
1,400만원 초과 5,000만원 이하	84만원 + (1,400만원 초과금액의 15%)
5,000만원 초과 8,800만원 이하	624만원 + (5,000만원 초과금액의 24%)
8,800만원 초과 1억 5,000만원 이하	1,536만원 + (8,800만원 초과금액의 35%)
1억 5,000만원 초과 3억원 이하	3,706만원 + (1억 5,000만원 초과금액의 38%)
3억원 초과 5억원 이하	9,406만원 + (3억원 초과금액의 40%)
5억원 초과 10억원 이하	1억 7,406만원 + (5억원 초과금액의 42%)
10억원 초과	3억 8,406만원 + (10억원 초과금액의 45%)

정답 | 19 ②

20 거주자 甲의 매매(양도일: 2025.5.1.)에 의한 등기된 토지 취득 및 양도에 관한 다음의 자료를 이용하여 양도소득세 과세표준을 계산하면? (단, 법령에 따른 적격증명서류를 수취·보관하고 있으며, 주어진 조건 이외에는 고려하지 않음) 제33회 수정

항목	기준시가	실지거래가액
양도가액	40,000,000원	67,000,000원
취득가액	35,000,000원	42,000,000원
추가사항	• 양도비용: 4,000,000원	• 보유기간: 2년

① 18,500,000원 ② 19,320,000원 ③ 19,740,000원
④ 21,000,000원 ⑤ 22,500,000원

톺아보기

토지 양도시 양도소득과세표준 계산
㉠ 양도차익(21,000,000원) = 양도가액(67,000,000원) − 필요경비[취득가액(42,000,000원) + 양도비용(4,000,000원)]
㉡ 3년 미만 보유이므로 장기보유특별공제는 공제되지 않는다.
㉢ 양도소득금액(21,000,000원) = 양도차익 − 장기보유특별공제액(㉠ − ㉡)
∴ 양도소득과세표준(18,500,000원) = 양도소득금액(21,000,000원) − 양도소득기본공제(250만원)

21 「소득세법」상 거주자의 양도소득과세표준 계산에 관한 설명으로 옳은 것은? 제29회 수정

① 양도소득금액을 계산할 때 부동산을 취득할 수 있는 권리에서 발생한 양도차손은 토지에서 발생한 양도소득금액에서 공제할 수 없다.
② 양도차익을 실지거래가액에 의하는 경우 양도가액에서 공제할 취득가액은 그 자산에 대한 감가상각비로서 각 과세기간의 사업소득금액을 계산하는 경우 필요경비에 산입한 금액이 있을 때에는 이를 공제하지 않은 금액으로 한다.
③ 양도소득에 대한 과세표준은 종합소득 및 퇴직소득에 대한 과세표준과 구분하여 계산한다.
④ 1세대 1주택 비과세 요건을 충족하는 고가주택의 양도가액이 15억원이고 양도차익이 5억원인 경우 양도소득세가 과세되는 양도차익은 3억원이다.
⑤ 2025년 4월 1일 이후 지출한 자본적 지출액은 그 지출에 관한 증명서류를 수취·보관하지 않고 실제 지출사실이 금융거래 증명서류에 의하여 확인되지 않는 경우에도 양도차익 계산시 양도가액에서 공제할 수 있다.

톺아보기

★ ③ 양도소득은 분류과세하므로 양도소득에 대한 과세표준은 종합소득 및 퇴직소득에 대한 과세표준과 구분하여 계산한다.

오답해설

★ ① 양도소득금액을 계산할 때 부동산을 취득할 수 있는 권리에서 발생한 양도차손은 토지에서 발생한 양도소득금액에서 공제할 수 있다.
② 양도차익을 실지거래가액에 의하는 경우 양도가액에서 공제할 취득가액은 그 자산에 대한 감가상각비로서 각 과세기간의 사업소득금액을 계산하는 경우 필요경비에 산입한 금액이 있을 때에는 이를 공제한 금액으로 한다.
④
$$\text{고가주택의 양도차익} = \text{양도차익} \times \frac{\text{양도가액} - 12억원}{\text{양도가액}}$$

1세대 1주택 비과세 요건을 충족하는 고가주택의 양도가액이 15억원이고 양도차익이 5억원인 경우 양도소득세가 과세되는 양도차익은 1억원이다.
⑤ 자본적 지출액은 그 지출에 관한 증명서류를 수취·보관하거나, 실제 지출사실이 금융거래 증명서류에 의하여 확인되는 경우에만 양도차익 계산시 양도가액에서 공제할 수 있다.

더 알아보기

1. **양도소득금액의 구분계산**

   양도소득금액은 다음의 소득별로 구분하여 계산한다. 이 경우 소득금액을 계산할 때 발생하는 결손금은 다른 소득금액과 합산하지 아니한다.
   ㉠ 토지·건물·부동산에 관한 권리 및 기타자산의 양도에 따른 소득
   ㉡ 주권상장법인의 주식 및 기타 비상장법인주식 등의 양도에 따른 소득
   ㉢ 파생상품 등의 양도에 따른 소득
   ㉣ 신탁수익권에 따른 소득

2. **양도차손의 통산**

   ㉠ **세율별 공제방법**: 소득종류별로 양도소득금액을 계산할 때 양도차손이 발생한 자산이 있는 경우에는 다음 순서에 따라 각 소득별로 당해 자산 외의 다른 자산에서 발생한 양도소득금액에서 그 양도차손을 순차적으로 공제한다.
   • 양도차손이 발생한 자산과 같은 세율을 적용받는 자산의 양도소득금액
   • 양도차손이 발생한 자산과 다른 세율을 적용받는 자산의 양도소득금액. 이 경우 다른 세율을 적용받는 자산의 양도소득금액이 둘 이상인 경우에는 각 세율별 양도소득금액의 합계액에서 당해 양도소득금액이 차지하는 비율로 안분하여 공제한다.
   ㉡ **미공제분의 처리**: 세율별 공제에 의하여 공제되지 못한 결손금은 소멸한다. 그러므로 미공제된 결손금을 종합소득금액·퇴직소득금액에서 공제할 수 없으며, 다음 과세기간으로 이월공제도 받을 수 없다.

22

다음 자료를 기초로 할 때 소득세법령상 거주자 甲이 확정신고시 신고할 건물과 토지B의 양도소득과세표준을 각각 계산하면? (단, 아래 자산 외의 양도자산은 없고, 양도소득과세표준 예정신고는 모두 하지 않았으며, 감면소득금액은 없다고 가정함)

제35회 수정

구분	건물(주택 아님)	토지A	토지B
양도차익(차손)	15,000,000원	(20,000,000원)	25,000,000원
양도일자	2025.3.10.	2025.5.20.	2025.6.25.
보유기간	1년 8개월	4년 3개월	3년 5개월

- 위 자산은 모두 국내에 있으며 등기됨
- 토지A, 토지B는 비사업용 토지 아님
- 장기보유특별공제율은 6%로 가정함

	건물	토지B
①	0원	16,000,000원
②	0원	18,500,000원
③	11,600,000원	5,000,000원
④	12,500,000원	3,500,000원
⑤	12,500,000원	1,000,000원

톺아보기

- 건물의 양도소득과세표준 계산
  ㉠ 양도소득금액(15,000,000원) = 양도차익 15,000,000원 − 장기보유특별공제액 0원(3년 미만 보유이므로 공제적용 없음)
  ㉡ 양도소득과세표준 12,500,000원 = 양도소득금액(15,000,000원) − 양도소득기본공제 2,500,000원
- 토지B의 양도소득과세표준 계산
  ㉠ 양도소득금액(23,500,000원) = 양도차익 25,000,000원 − 장기보유특별공제액 1,500,000원(25,000,000원 × 6%)
  ㉡ 양도소득과세표준 23,500,000원 = 양도소득금액(23,500,000원) − 양도소득기본공제는 적용 없음 (양도소득기본공제는 소득별로 연250만원을 공제하므로 건물에서 이미 공제를 적용받음)
  ㉢ 23,500,000원 − 토지A에서 발생한 결손금 20,000,000원 = 3,500,000원

23 「소득세법」상 양도소득세에 관한 설명으로 옳은 것은?

제27회

① 거주자가 국외토지를 양도한 경우 양도일까지 계속해서 10년간 국내에 주소를 두었다면 양도소득과세표준을 예정신고하여야 한다.
② 비거주자가 국외토지를 양도한 경우 양도소득세 납부의무가 있다.
③ 거주자가 국내상가건물을 양도한 경우 거주자의 주소지와 상가건물의 소재지가 다르다면 양도소득세 납세지는 상가건물의 소재지이다.
④ 비거주자가 국내주택을 양도한 경우 양도소득세 납세지는 비거주자의 국외 주소지이다.
⑤ 거주자가 국외주택을 양도한 경우 양도일까지 계속해서 5년간 국내에 주소를 두었다면 양도소득금액 계산시 장기보유특별공제가 적용된다.

톺아보기

오답해설

② 비거주자가 국외토지를 양도한 경우 양도소득세 납부의무가 없다.
③ 거주자가 국내상가건물을 양도한 경우 거주자의 주소지와 상가건물의 소재지가 다르다면 양도소득세 납세지는 양도자의 주소지이다.
④ 비거주자가 국내주택을 양도한 경우 양도소득세 납세지는 국내사업장 소재지이며, 국내사업장이 없는 경우에는 국내원천소득이 발생하는 장소이다.
⑤ 국외자산을 양도하는 경우에는 장기보유특별공제는 적용되지 않는다.

24

다음 자료를 기초로 할 때 소득세법령상 국내 토지 A에 대한 양도소득세에 관한 설명으로 옳은 것은? (단, 甲, 乙, 丙은 모두 거주자임)

제35회 수정

- 甲은 2019.6.20. 토지A를 3억원에 취득하였으며, 2021.5.15. 토지A에 대한 자본적 지출로 5천만원을 지출하였다.
- 乙은 2023.7.1. 직계존속인 甲으로부터 토지A를 증여받아 2023.7.25. 소유권이전등기를 마쳤다(토지A의 증여 당시 시가는 6억원임).
- 乙은 2025.10.20. 토지A를 甲 또는 乙과 특수관계가 없는 丙에게 10억원에 양도하였다.
- 토지A는 법령상 협의매수 또는 수용된 적이 없으며, 「소득세법」 제97조의2 양도소득의 필요경비 계산 특례(이월과세)를 적용하여 계산한 양도소득 결정세액이 이를 적용하지 않고 계산한 양도소득 결정세액보다 크다고 가정한다.

① 양도차익 계산시 양도가액에서 공제할 취득가액은 6억원이다.
② 양도차익 계산시 甲이 지출한 자본적 지출액 5천만원은 양도가액에서 공제할 수 없다.
③ 양도차익 계산시 乙이 납부하였거나 납부할 증여세 상당액이 있는 경우 양도차익을 한도로 필요경비에 산입한다.
④ 장기보유특별공제액 계산 및 세율 적용시 보유기간은 乙의 취득일부터 양도일까지의 기간으로 한다.
⑤ 甲과 乙은 양도소득세에 대하여 연대납세의무를 진다.

톺아보기

배우자 또는 직계존비속간 이월과세 특례가 적용되는 경우이다.

[오답해설]
① 양도차익 계산시 양도가액에서 공제할 취득가액은 3억원이다.
② 양도차익 계산시 甲이 지출한 자본적 지출액 5천만원은 양도가액에서 공제할 수 있다.
④ 장기보유특별공제액 계산 및 세율 적용시 보유기간은 甲의 취득일부터 양도일까지의 기간으로 한다.
⑤ 甲과 乙은 양도소득세에 대하여 연대납세의무가 없다.

더 알아보기

이월과세와 부당행위계산 부인의 비교

구분	배우자 등 증여재산에 대한 이월과세	특수관계자 증여재산에 대한 부당행위계산의 부인
증여자와 수증자와의 관계	배우자 및 직계존비속	특수관계자(이월과세 규정이 적용되는 배우자 및 직계존비속 제외)
적용대상자산	토지·건물·부동산을 취득할 수 있는 권리·특정시설물이용권·양도일 전 1년 내 증여받은 주식	양도소득세 과세대상 자산
수증일로부터 양도일까지의 기간	증여 후 10년(주식은 1년) 이내(등기부상 소유기간)	증여 후 10년 이내(등기부상 소유기간)
납세의무자	수증받은 배우자 및 직계존비속	당초 증여자 (직접 양도한 것으로 간주)
기납부 증여세의 처리	양도차익 계산상 필요경비로 공제 ○	양도차익 계산상 필요경비로 공제 ×
연대납세의무규정	없음	당초 증여자와 수증자가 연대납세의무 ○
조세 부담의 부당한 감소 여부	조세 부담의 부당한 감소가 없어도 적용	조세부담이 부당히 감소된 경우에만 적용 • (특수관계자간) 증여 후 우회양도: 수증자가 부담하는 증여세와 양도소득세를 합한 금액이 당초 증여자가 직접 양도하는 경우로 보아 계산한 양도소득세보다 적은 경우 • (특수관계자간) 저가양도·고가양수: 시가와 거래가액의 차액이 시가의 5%에 상당하는 금액 이상이거나 3억원 이상인 경우
필요경비 계산	**취득가액**: 증여한 배우자 또는 직계존비속의 취득 당시를 기준 🔍 증여자가 지출한 자본적 지출액 포함	**취득가액**: 증여자의 취득 당시를 기준
장기보유특별공제 및 세율적용시 보유기간 계산	증여한 배우자 또는 직계존비속의 취득일부터 양도일까지의 기간을 보유기간으로 함	증여자의 취득일부터 양도일까지의 기간을 보유기간으로 함

정답 | 24 ③

25. 「소득세법」상 거주자의 양도소득세에 관한 설명으로 틀린 것은? (단, 국내소재 부동산의 양도임)

제28회

① 같은 해에 여러 개의 자산(모두 등기됨)을 양도한 경우 양도소득기본공제는 해당 과세기간에 먼저 양도한 자산의 양도소득금액에서부터 순서대로 공제한다. 단, 감면소득금액은 없다.

② 「소득세법」 제104조 제3항에 따른 미등기 양도자산에 대하여는 장기보유특별공제를 적용하지 아니한다.

③ 「소득세법」 제97조의2 제1항에 따라 이월과세를 적용받는 경우 장기보유특별공제의 보유기간은 증여자가 해당 자산을 취득한 날부터 기산한다.

④ A법인과 특수관계에 있는 주주가 시가 3억원(「법인세법」 제52조에 따른 시가임)의 토지를 A법인에게 5억원에 양도한 경우 양도가액은 3억원으로 본다. 단, A법인은 이 거래에 대하여 세법에 따른 처리를 적절하게 하였다.

⑤ 특수관계인간의 거래가 아닌 경우로서 취득가액인 실지거래가액을 인정 또는 확인할 수 없어 그 가액을 추계결정 또는 경정하는 경우에는 매매사례가액, 감정가액, 기준시가의 순서에 따라 적용한 가액에 의한다.

톺아보기

★ ⑤ 특수관계인간의 거래가 아닌 경우로서 취득가액인 실지거래가액을 인정 또는 확인할 수 없어 그 가액을 추계결정 또는 경정하는 경우에는 '매매사례가액 ⇨ 감정가액 ⇨ 환산취득가액 ⇨ 기준시가'의 순서에 따라 적용한 가액에 의한다.

★ ① 같은 해에 여러 개의 자산(모두 등기됨)을 양도한 경우 양도소득기본공제는 해당 과세기간에 먼저 양도한 자산의 양도소득금액에서부터 순서대로 공제한다. 단, 감면소득금액은 없다.

★ ② 「소득세법」 제104조 제3항에 따른 미등기 양도자산에 대하여는 장기보유특별공제를 적용하지 아니한다.

26 「소득세법」상 배우자간 증여재산의 이월과세에 관한 설명으로 옳은 것은?

제32회 수정

① 이월과세를 적용하는 경우 거주자가 배우자로부터 증여받은 자산에 대하여 납부한 증여세를 필요경비에 산입하지 아니한다.
② 이월과세를 적용받은 자산의 보유기간은 증여한 배우자가 그 자산을 증여한 날을 취득일로 본다.
③ 거주자가 양도일부터 소급하여 10년 이내에 그 배우자(양도 당시 사망으로 혼인관계가 소멸된 경우 포함)로부터 증여받은 토지를 양도할 경우에 이월과세를 적용한다.
④ 거주자가 사업인정고시일부터 소급하여 2년 이전에 배우자로부터 증여받은 경우로서 「공익사업을 위한 토지 등의 취득 및 보상에 관한 법률」에 따라 수용된 경우에는 이월과세를 적용하지 아니한다.
⑤ 이월과세를 적용하여 계산한 양도소득 결정세액이 이월과세를 적용하지 않고 계산한 양도소득 결정세액보다 적은 경우에 이월과세를 적용한다.

톺아보기

오답해설

★ ① 이월과세를 적용하는 경우 거주자가 배우자로부터 증여받은 자산에 대하여 납부한 증여세를 필요경비에 산입한다.
② 이월과세를 적용받은 자산의 보유기간은 증여한 배우자가 그 자산을 취득한 날을 취득일로 본다.
★ ③ 거주자가 양도일부터 소급하여 10년 이내에 그 배우자(양도 당시 사망으로 혼인관계가 소멸된 경우 제외)로부터 증여받은 토지를 양도할 경우에 이월과세를 적용한다.
⑤ 이월과세를 적용하여 계산한 양도소득 결정세액이 이월과세를 적용하지 않고 계산한 양도소득 결정세액보다 적은 경우에 이월과세를 적용하지 아니한다.

더 알아보기

이월과세가 적용되지 않는 경우

- 양도 당시 사망으로 혼인관계가 소멸된 경우
- 사업인정고시일부터 소급하여 2년 이전에 증여받은 경우로서 「공익사업을 위한 토지 등의 취득 및 보상에 관한 법률」이나 그 밖의 법률에 따라 협의매수 또는 수용된 경우
- 증여이월과세 규정을 적용할 경우 1세대 1주택의 비과세 양도에 해당하게 되는 경우
- 양도소득의 비과세대상에서 제외되는 고가주택(이에 딸린 토지 포함)을 양도하는 경우
- 증여이월과세 규정을 적용하여 계산한 양도소득 결정세액이 증여이월과세 규정을 적용하지 아니하고 계산한 양도소득 결정세액보다 적은 경우

정답 | 25 ⑤ 26 ④

27

거주자 甲은 2019.10.20. 취득한 토지(취득가액 1억원, 등기함)를 동생인 거주자 乙(특수관계인임)에게 2022.10.1. 증여(시가 3억원, 등기함)하였다. 乙은 해당 토지를 2025.6.30. 특수관계가 없는 丙에게 양도(양도가액 10억원)하였다. 양도소득은 乙에게 실질적으로 귀속되지 아니하고, 乙의 증여세와 양도소득세를 합한 세액이 甲이 직접 양도하는 경우로 보아 계산한 양도소득세보다 적은 경우에 해당한다. 「소득세법」상 양도소득세 납세의무에 관한 설명으로 틀린 것은? 제33회 수정

① 乙이 납부한 증여세는 양도차익 계산시 필요경비에 산입한다.
② 양도차익 계산시 취득가액은 甲의 취득 당시를 기준으로 한다.
③ 양도소득세에 대해서는 甲과 乙이 연대하여 납세의무를 진다.
④ 甲은 양도소득세 납세의무자이다.
⑤ 양도소득세 계산시 보유기간은 甲의 취득일부터 乙의 양도일까지의 기간으로 한다.

톺아보기

부당행위계산 부인 특례 중에서 특수관계자간의 증여 후 우회양도의 경우에는 수증자가 부담하는 증여세는 필요경비에 포함하지 않는다.

28 「소득세법」상 거주자의 국내자산 양도소득세 계산에 관한 설명으로 옳은 것은?

제31회 수정

① 부동산에 관한 권리의 양도로 발생한 양도차손은 토지의 양도에서 발생한 양도소득금액에서 공제할 수 없다.
② 양도일부터 소급하여 10년 이내에 그 배우자로부터 증여받은 토지의 양도차익을 계산할 때 그 증여받은 토지에 대하여 납부한 증여세는 양도가액에서 공제할 필요경비에 산입하지 아니한다.
③ 취득원가에 현재가치할인차금이 포함된 양도자산의 보유기간 중 사업소득금액 계산시 필요경비로 산입한 현재가치할인차금상각액은 양도차익을 계산할 때 양도가액에서 공제할 필요경비로 본다.
④ 특수관계인에게 증여한 자산에 대해 증여자인 거주자에게 양도소득세가 과세되는 경우 수증자가 부담한 증여세 상당액은 양도가액에서 공제할 필요경비에 산입한다.
⑤ 거주자가 특수관계인과의 거래(시가와 거래가액의 차액이 5억원임)에 있어서 토지를 시가에 미달하게 양도함으로써 조세의 부담을 부당히 감소시킨 것으로 인정되는 때에는 그 양도가액을 시가에 의하여 계산한다.

톺아보기

⑤ 부당행위계산 부인 규정에 해당하므로 그 양도가액을 시가에 의하여 계산한다.

오답해설

① 부동산에 관한 권리의 양도로 발생한 양도차손은 토지의 양도에서 발생한 양도소득금액에서 공제할 수 있다.
② 양도일부터 소급하여 10년 이내에 그 배우자로부터 증여받은 토지의 양도차익을 계산할 때 그 증여받은 토지에 대하여 납부한 증여세는 양도가액에서 공제할 필요경비에 산입한다.
③ 취득원가에 현재가치할인차금이 포함된 양도자산의 보유기간 중 사업소득금액 계산시 필요경비로 산입한 현재가치할인차금상각액은 양도차익을 계산할 때 양도가액에서 공제할 필요경비에서 제외한다.
④ 특수관계인에게 증여한 자산에 대해 증여자인 거주자에게 양도소득세가 과세되는 경우 수증자가 부담한 증여세 상당액은 양도가액에서 공제할 필요경비에 산입하지 아니한다.

정답 | 27 ① 28 ⑤

> 더 알아보기

특수관계자의 범위

1. 친족관계가 있는 경우
   ㉠ 4촌 이내의 혈족
   ㉡ 3촌 이내의 인척
   ㉢ 배우자(사실상의 혼인관계에 있는 자를 포함)
   ㉣ 친생자로서 다른 사람에게 친양자로 입양된 자 및 그 배우자·직계비속
2. 경제적 연관관계가 있는 경우
   ㉠ 임원과 그 밖의 사용인
   ㉡ 본인의 금전이나 그 밖의 재산으로 생계를 유지하는 자
   ㉢ ㉠ 및 ㉡의 자와 생계를 함께하는 친족
3. 경영지배관계가 있는 경우(본인이 개인인 경우)
   ㉠ 본인이 직접 또는 그와 친족관계 또는 경제적 연관관계에 있는 자를 통하여 법인의 경영에 대하여 지배적인 영향력을 행사하고 있는 경우 그 법인
   ㉡ 본인이 직접 또는 그와 친족관계, 경제적 연관관계 또는 ㉠의 관계에 있는 자를 통하여 법인의 경영에 대하여 지배적인 영향력을 행사하고 있는 경우 그 법인

29

「소득세법」상 미등기 양도자산에 관한 설명으로 옳은 것은? 제29회

① 미등기 양도자산도 양도소득에 대한 소득세의 비과세에 관한 규정을 적용할 수 있다.
② 건설업자가 「도시개발법」에 따라 공사용역 대가로 취득한 체비지를 토지구획환지처분공고 전에 양도하는 토지는 미등기 양도자산에 해당하지 않는다.
③ 미등기 양도자산의 양도소득금액 계산시 양도소득기본공제를 적용할 수 있다.
④ 미등기 양도자산의 양도소득세 산출세액에 100분의 70을 곱한 금액을 양도소득 결정세액에 더한다.
⑤ 미등기 양도자산의 양도소득금액 계산시 장기보유특별공제를 적용할 수 있다.

톺아보기

★ ② 건설업자가 「도시개발법」에 따라 공사용역 대가로 취득한 체비지를 토지구획환지처분공고 전에 양도하는 토지는 등기의제이므로 미등기 양도자산에 해당하지 않는다.

오답해설

① 미등기 양도자산은 양도소득에 대한 소득세의 비과세 및 「조세특례제한법」상의 감면에 관한 규정을 적용 배제한다.
③⑤ 미등기 양도자산의 양도소득금액 계산시 양도소득기본공제와 장기보유특별공제를 적용 배제한다.
④ 미등기 양도자산의 양도소득세과세표준금액에 100분의 70을 곱한 금액을 양도소득 결정세액에 더한다.

더 알아보기

미등기 양도자산의 불이익 사항	• 실지거래가액으로 양도차익 계산 • 장기보유특별공제 · 양도소득기본공제 적용 배제 🔍 미등기 양도자산의 경우에는 양도차익과 양도소득과세표준금액이 일치 • 최고세율(70%) 적용 • 비과세 및 감면 적용 배제 🔍 다만, 필요경비개산공제는 적용(미등기 양도하는 토지 · 건물의 경우: 0.3%)
등기의제하는 경우 (불이익 없는 경우)	• 비과세대상 농지(교환과 분합) • 감면대상 농지(8년 이상 자경농지, 일정한 대토 농지) • 장기할부조건으로 취득한 자산으로서 그 계약조건에 의하여 양도 당시 그 자산의 취득에 관한 등기가 불가능한 자산 • 법률의 규정이나 법원의 결정에 의하여 양도 당시 그 자산에 대한 등기가 불가능한 자산 • 1세대 1주택으로서 「건축법」에 의한 건축허가를 받지 아니하여 등기가 불가능한 자산 • 「도시개발법」에 따른 도시개발사업이 종료되지 아니하여 토지취득등기를 하지 아니하고 양도하는 토지 • 건설업자가 「도시개발법」에 따라 공사용역 대가로 취득한 체비지를 토지구획환지 처분공고 전에 양도하는 토지

정답 | 29 ②

30

「소득세법」상 미등기 양도자산(미등기 양도제외자산 아님)인 상가건물의 양도에 관한 내용으로 옳은 것을 모두 고른 것은?   제32회

> ㉠ 양도소득세율은 양도소득과세표준의 100분의 70
> ㉡ 장기보유특별공제 적용 배제
> ㉢ 필요경비개산공제 적용 배제
> ㉣ 양도소득기본공제 적용 배제

① ㉠, ㉡, ㉢   ② ㉠, ㉡, ㉣   ③ ㉠, ㉢, ㉣
④ ㉡, ㉢, ㉣   ⑤ ㉠, ㉡, ㉢, ㉣

톺아보기

옳은 것은 ㉠㉡㉣이다.
㉢ 미등기 양도자산(미등기 양도제외자산 아님)인 경우에도 필요경비개산공제(미등기 토지·건물: 취득 당시 기준시가 × 1,000분의 3)는 적용한다.

31

「소득세법」상 거주자의 양도소득과세표준의 신고 및 납부에 관한 설명으로 옳은 것은?   제27회 수정

① 2025년 3월 21일에 주택을 양도하고 잔금을 청산한 경우 2025년 6월 30일에 예정신고할 수 있다.
② 확정신고납부시 납부할 세액이 1,600만원인 경우 600만원을 분납할 수 있다.
③ 예정신고납부시 납부할 세액이 2,000만원인 경우 분납할 수 없다.
④ 양도차손이 발생한 경우 예정신고하지 아니한다.
⑤ 예정신고하지 않은 거주자가 해당 과세기간의 과세표준이 없는 경우 확정신고하지 아니한다.

톺아보기

오답해설

① 2025년 3월 21일에 주택을 양도하고 잔금을 청산한 경우 2025년 5월 31일까지 예정신고할 수 있다.
③ 예정신고납부시 납부할 세액이 1,000만원을 초과하는 경우에는 분납할 수 있다.
④ 양도차익이 없거나 양도차손이 발생한 경우 예정신고하여야 한다.
⑤ 예정신고하지 않은 거주자가 해당 과세기간의 과세표준이 없는 경우에도 확정신고하여야 한다.

> 📖 **더 알아보기**

양도소득과세표준 예정신고 및 확정신고

예정신고	확정신고
1. 신고기간 　㉠ 부동산 등: 양도일이 속하는 달의 말일부터 2개월 이내 　㉡ 주식 및 출자지분: 양도일이 속하는 반기의 말일부터 2개월 이내 　㉢ 토지거래허가구역 내 토지 　　• 허가일 전에 대금청산한 경우: 허가일이 속하는 달의 말일부터 2개월 이내 　　• 허가 전에 허가구역지정이 해제된 경우: 해제일이 속하는 달의 말일부터 2개월 이내 　㉣ 부담부증여의 채무액에 해당하는 부분으로서 양도로 보는 경우: 그 양도일이 속하는 달의 말일부터 3개월 이내 2. 양도차익이 없거나 양도차손이 발생한 경우에도 예정신고하여야 한다. 3. 기한 내에 신고 + 납부: 세액 공제 × 4. 가산세 　㉠ 신고불성실가산세 　　• 부당무신고·부당과소신고: 40%(역외거래 경우: 60%) 　　• 무신고: 20%　• 과소신고: 10% 　㉡ (납부고지 전) 납부지연가산세: 1일 0.022%	1. 신고기간: 양도일(허가일)이 속하는 과세기간의 다음 연도 5월 1일부터 5월 31일까지 2. 과세표준이 없거나 결손금이 발생한 경우에도 확정신고하여야 한다. 3. 기한 내에 신고 + 납부: 세액 공제 × 4. 가산세 　㉠ 신고불성실가산세: 40%, 20%, 10% 　㉡ (납부고지 전) 납부지연가산세: 1일 0.022% 5. 확정신고 　㉠ 예정신고를 이행한 경우에는 확정신고를 생략할 수 있다. 　㉡ 다만, 해당 과세기간에 누진세율 적용대상 자산에 대한 예정신고를 2회 이상 한 자가 이미 신고한 양도소득금액과 합산하여 예정신고를 하지 않는 경우 등의 경우에는 예정신고를 이행한 경우라도 확정신고를 이행하여야 한다.

🔍 **무신고·과소신고가산세의 감면**
- 예정신고기한까지 예정신고를 하였으나 과소신고한 경우로서 확정신고기한까지 과세표준을 수정하여 신고한 경우(해당 기간에 부과되는 과소신고가산세만 해당하며, 과세표준과 세액을 경정할 것을 미리 알고 과세표준신고를 하는 경우 제외)에는 해당 과소신고가산세(10%)의 100분의 50에 상당하는 금액을 감면한다.
- 예정신고기한까지 예정신고를 하지 아니하였으나 확정신고기한까지 과세표준신고를 한 경우(해당 기간에 부과되는 무신고가산세만 해당하며, 과세표준과 세액을 경정할 것을 미리 알고 과세표준신고를 하는 경우 제외)에는 해당 무신고가산세(20%)의 100분의 50에 상당하는 금액을 감면한다.

양도소득세 분할납부
- **분할납부:** 거주자로서 예정신고납부 또는 확정신고에 따라 납부할 세액이 각각 1,000만원을 초과하는 자는 그 납부할 세액의 일부를 납부기한이 지난 후 2개월 이내에 분할납부할 수 있다.
- **분할납부할 수 있는 세액**

구분		분할납부 가능금액
납부할 세액이 2,000만원	이하인 때	1,000만원을 초과하는 금액
	초과인 때	그 세액의 50% 이하의 금액

32 「소득세법」상 거주자의 양도소득세 신고납부에 관한 설명으로 옳은 것은? 제33회

① 건물을 신축하고 그 취득일부터 3년 이내에 양도하는 경우로서 감정가액을 취득가액으로 하는 경우에는 그 감정가액의 100분의 3에 해당하는 금액을 양도소득 결정세액에 가산한다.

② 공공사업의 시행자에게 수용되어 발생한 양도소득세액이 2,000만원을 초과하는 경우 납세의무자는 물납을 신청할 수 있다.

③ 과세표준 예정신고와 함께 납부하는 때에는 산출세액에서 납부할 세액의 100분의 5에 상당하는 금액을 공제한다.

④ 예정신고납부할 세액이 1,500만원인 자는 그 세액의 100분의 50의 금액을 납부기한이 지난 후 2개월 이내에 분할납부할 수 있다.

⑤ 납세의무자가 법정신고기한까지 양도소득세의 과세표준 신고를 하지 아니한 경우(부정행위로 인한 무신고는 제외)에는 그 무신고납부세액에 100분의 20을 곱한 금액을 가산세로 한다.

톺아보기

오답해설

★ ① 건물을 신축하고 그 취득일부터 5년 이내에 양도하는 경우로서 감정가액을 취득가액으로 하는 경우에는 그 감정가액의 100분의 5에 해당하는 금액을 양도소득 결정세액에 가산한다.

② 양도소득세는 물납이 허용되지 않는다.

③ 과세표준 예정신고와 함께 납부하는 때에도 납부할 세액의 100분의 5에 상당하는 금액을 세액공제 적용하지 않는다.

④ 예정신고납부할 세액이 1,000만원을 초과하는 자는 그 세액의 1,000만원을 초과하는 금액을 납부기한이 지난 후 2개월 이내에 분할납부할 수 있다.

33 「소득세법」상 거주자의 양도소득세 신고 및 납부에 관한 설명으로 옳은 것은?

제29회 수정

① 토지 또는 건물을 양도한 경우에는 그 양도일이 속하는 분기의 말일부터 2개월 이내에 양도소득과세표준을 신고해야 한다.
② 양도차익이 없거나 양도차손이 발생한 경우에는 양도소득과세표준 예정신고의무가 없다.
③ 건물을 신축하고 그 신축한 건물의 취득일부터 5년 이내에 해당 건물을 양도하는 경우로서 취득 당시의 실지거래가액을 확인할 수 없어 환산취득가액을 그 취득가액으로 하는 경우에는 양도소득세 산출세액의 100분의 5에 해당하는 금액을 양도소득 결정세액에 더한다.
④ 양도소득과세표준 예정신고시에는 납부할 세액이 1,000만원을 초과하더라도 그 납부할 세액의 일부를 분할납부할 수 없다.
⑤ 당해 연도에 누진세율의 적용대상 자산에 대한 예정신고를 2회 이상 한 자가 법령에 따라 이미 신고한 양도소득금액과 합산하여 신고하지 아니한 경우 양도소득세 확정신고를 해야 한다.

톺아보기

오답해설

★ ① 토지 또는 건물을 양도한 경우에는 그 양도일이 속하는 달의 말일부터 2개월 이내에 양도소득과세표준을 신고해야 한다.
★ ② 양도차익이 없거나 양도차손이 발생한 경우에도 양도소득과세표준 예정신고의무가 있다.
③ 건물을 신축하고 그 신축한 건물의 취득일부터 5년 이내에 해당 건물을 양도하는 경우로서 취득 당시의 실지거래가액을 확인할 수 없어 환산취득가액을 그 취득가액으로 하는 경우에는 해당 건물 환산취득가액의 100분의 5에 해당하는 금액을 양도소득 결정세액에 더한다.
★ ④ 양도소득과세표준 예정신고 또는 확정신고시에 납부할 세액이 1,000만원을 초과하는 경우에는 그 납부할 세액의 일부를 분할납부할 수 있다.

정답 | 32 ⑤ 33 ⑤

34 「소득세법」상 거주자의 국내 토지에 대한 양도소득과세표준 및 세액의 신고·납부에 관한 설명으로 틀린 것은?

제31회

① 법령에 따른 부담부증여의 채무액에 해당하는 부분으로서 양도로 보는 경우 그 양도일이 속하는 달의 말일부터 3개월 이내에 양도소득과세표준을 납세지 관할 세무서장에게 신고하여야 한다.
② 예정신고납부를 하는 경우 예정신고 산출세액에서 감면세액을 빼고 수시부과세액이 있을 때에는 이를 공제하지 아니한 세액을 납부한다.
③ 예정신고할 세액이 2,000만원을 초과하는 때에는 그 세액의 100분의 50 이하의 금액을 납부기한이 지난 후 2개월 이내에 분할납부할 수 있다.
④ 당해 연도에 누진세율의 적용대상 자산에 대한 예정신고를 2회 이상 한 자가 법령에 따라 이미 신고한 양도소득금액과 합산하여 신고하지 아니한 경우에는 양도소득과세표준의 확정신고를 하여야 한다.
⑤ 양도차익이 없거나 양도차손이 발생한 경우에도 양도소득과세표준의 예정신고를 하여야 한다.

톺아보기

② 예정신고납부를 하는 경우 예정신고 산출세액에서 감면세액을 빼고 수시부과세액이 있을 때에는 이를 공제한 세액을 납부한다.
★ ① 법령에 따른 부담부증여의 채무액에 해당하는 부분으로서 양도로 보는 경우 그 양도일이 속하는 달의 말일부터 3개월 이내에 양도소득과세표준을 납세지 관할 세무서장에게 신고하여야 한다.
★ ④ 당해 연도에 누진세율의 적용대상 자산에 대한 예정신고를 2회 이상 한 자가 법령에 따라 이미 신고한 양도소득금액과 합산하여 신고하지 아니한 경우에는 양도소득과세표준의 확정신고를 하여야 한다.

35 소득세법령상 거주자의 국내자산 양도에 대한 양도소득세에 관한 설명으로 옳은 것은?

제35회

① 부담부증여의 채무액에 해당하는 부분으로서 양도로 보는 경우에는 그 양도일이 속하는 달의 말일부터 2개월 이내에 양도소득세를 신고하여야 한다.

② 토지를 매매하는 거래당사자가 매매계약서의 거래가액을 실지거래가액과 다르게 적은 경우에는 해당 자산에 대하여 「소득세법」에 따른 양도소득세의 비과세에 관한 규정을 적용할 때, 비과세 받을 세액에서 '비과세에 관한 규정을 적용하지 아니하였을 경우의 양도소득 산출세액'과 '매매계약서의 거래가액과 실지거래가액과의 차액' 중 큰 금액을 뺀다.

③ 사업상의 형편으로 인하여 세대전원이 다른 시·군으로 주거를 이전하게 되어 6개월 거주한 주택을 양도하는 경우 보유기간 및 거주기간의 제한을 받지 아니하고 양도소득세가 비과세된다.

④ 토지의 양도로 발생한 양도차손은 동일한 과세기간에 전세권의 양도로 발생한 양도소득금액에서 공제할 수 있다.

⑤ 상속받은 주택과 상속개시 당시 보유한 일반주택을 국내에 각각 1개씩 소유한 1세대가 상속받은 주택을 양도하는 경우에는 국내에 1개의 주택을 소유하고 있는 것으로 보아 1세대 1주택 비과세 규정을 적용한다.

톺아보기

오답해설

① 부담부증여의 채무액에 해당하는 부분으로서 양도로 보는 경우에는 그 양도일이 속하는 달의 말일부터 3개월 이내에 양도소득세를 신고하여야 한다.

★ ② 토지를 매매하는 거래당사자가 매매계약서의 거래가액을 실지거래가액과 다르게 적은 경우에는 해당 자산에 대하여 「소득세법」에 따른 양도소득세의 비과세에 관한 규정을 적용할 때, 비과세 받을 세액에서 '비과세에 관한 규정을 적용하지 아니하였을 경우의 양도소득 산출세액'과 '매매계약서의 거래가액과 실지거래가액과의 차액' 중 적은 금액을 뺀다.

③ 근무상 형편(사업상의 형편 제외) 등 부득이한 사유로 인하여 세대전원이 다른 시·군으로 주거를 이전하게 되어 1년 이상 거주한 주택을 양도하는 경우 보유기간 및 거주기간의 제한을 받지 아니하고 양도소득세가 비과세된다.

⑤ 상속받은 주택과 상속개시 당시 보유한 일반주택을 국내에 각각 1개씩 소유한 1세대가 일반주택을 양도하는 경우에는 국내에 1개의 주택을 소유하고 있는 것으로 보아 1세대 1주택 비과세 규정을 적용한다.

정답 | 34 ② 35 ④

36 상중하

「소득세법」상 거주자의 양도소득세 징수와 환급에 관한 설명으로 옳은 것은? 제33회

① 과세기간별로 이미 납부한 확정신고세액이 관할 세무서장이 결정한 양도소득 총결정세액을 초과한 경우 다른 국세에 충당할 수 없다.
② 양도소득과세표준과 세액을 결정 또는 경정한 경우 관할 세무서장이 결정한 양도소득 총결정세액이 이미 납부한 확정신고세액을 초과할 때에는 그 초과하는 세액을 해당 거주자에게 알린 날부터 30일 이내에 징수한다.
③ 양도소득세 과세대상 건물을 양도한 거주자는 부담부증여의 채무액을 양도로 보는 경우 예정신고 없이 확정신고를 하여야 한다.
④ 양도소득세 납세의무의 확정은 납세의무자의 신고에 의하지 않고 관할 세무서장의 결정에 의한다.
⑤ 이미 납부한 확정신고세액이 관할 세무서장이 결정한 양도소득 총결정세액을 초과할 때에는 해당 결정일부터 90일 이내에 환급해야 한다.

톺아보기

[오답해설]
① 과세기간별로 이미 납부한 확정신고세액이 관할 세무서장이 결정한 양도소득 총결정세액을 초과한 경우 다른 국세에 충당하여야 한다(법 제117조).
★ ③ 양도소득세 과세대상 건물을 양도한 거주자는 부담부증여의 채무액을 양도로 보는 경우 양도일이 속하는 달의 말일로부터 3개월 이내에 예정신고하여야 한다.
④ 양도소득세 납세의무의 확정은 원칙적으로 납세의무자의 신고에 의하여 확정된다.
⑤ 납세지 관할 세무서장은 과세기간별로「소득세법」제116조 제2항 각 호의 금액의 합계액이「소득세법」제93조 제3호에 따른 양도소득 총결정세액을 초과할 때에는 그 초과하는 세액을 환급하거나 다른 국세 및 강제징수비에 충당하여야 한다. 즉, 해당 결정일부터 90일 이내에 환급하여야 하는 것은 아니다.

37

거주자 甲이 국외에 있는 양도소득세 과세대상 X토지를 양도함으로써 소득이 발생하였다. 다음 중 **틀린** 것은? (단, 해당 과세기간에 다른 자산의 양도는 없음) 제30회

① 甲이 X토지의 양도일까지 계속 5년 이상 국내에 주소 또는 거소를 둔 경우에만 해당 양도소득에 대한 납세의무가 있다.
② 甲이 국외에서 외화를 차입하여 X토지를 취득한 경우 환율변동으로 인하여 외화차입금으로부터 발생한 환차익은 양도소득의 범위에서 제외한다.
③ X토지의 양도가액은 양도 당시의 실지거래가액으로 하는 것이 원칙이다.
④ X토지에 대한 양도차익에서 장기보유특별공제액을 공제한다.
⑤ X토지에 대한 양도소득금액에서 양도소득기본공제로 250만원을 공제한다.

톺아보기

국외자산 양도의 경우 장기보유특별공제는 적용하지 아니한다.

정답 | 36 ② 37 ④

38

「소득세법」상 거주자(해당 국외자산 양도일까지 계속 5년 이상 국내에 주소를 두고 있음)가 2025년에 양도한 국외자산의 양도소득세에 관한 설명으로 틀린 것은? (단, 국외 외화차입에 의한 취득은 없음)

제31회 수정

① 국외에 있는 부동산에 관한 권리로서 미등기 양도자산의 양도로 발생하는 소득은 양도소득의 범위에 포함된다.
② 국외토지의 양도에 대한 양도소득세를 계산하는 경우에는 장기보유특별공제액은 공제하지 아니한다.
③ 양도 당시의 실지거래가액이 확인되더라도 외국정부의 평가가액을 양도가액으로 먼저 적용한다.
④ 해당 과세기간에 다른 자산의 양도가 없을 경우 국외토지의 양도에 대한 양도소득이 있는 거주자에 대해서는 해당 과세기간의 양도소득금액에서 연 250만원을 공제한다.
⑤ 국외토지의 양도소득에 대하여 해당 외국에서 과세를 하는 경우로서 법령이 정한 그 국외자산 양도소득세액을 납부하였거나 납부할 것이 있을 때에는 외국납부세액의 세액공제방법과 필요경비 산입방법 중 하나를 선택하여 적용할 수 있다.

톺아보기

③ 국외자산의 양도가액은 그 자산의 양도 당시의 실지거래가액으로 한다. 다만, 양도 당시의 실지거래가액을 확인할 수 없는 경우에는 양도자산이 소재하는 국가의 양도 당시 현황을 반영한 시가에 따르되, 시가를 산정하기 어려울 때에는 그 자산의 종류, 규모, 거래상황 등을 고려하여 법령에 정하는 보충적 평가방법에 따른다.
★ ② 국외토지의 양도에 대한 양도소득세를 계산하는 경우에는 장기보유특별공제액은 공제하지 아니한다.

39 거주자 甲은 2019년에 국외에 1채의 주택을 미화 1십만달러(취득자금 중 일부 외화차입)에 취득하였고, 2025년 동 주택을 미화 2십만달러에 양도하였다. 이 경우 「소득세법」상 설명으로 틀린 것은? (단, 甲은 해당 자산의 양도일까지 계속 5년 이상 국내에 주소를 둠)

제32회 수정

① 甲의 국외주택에 대한 양도차익은 양도가액에서 취득가액과 필요경비개산공제를 차감하여 계산한다.
② 甲의 국외주택 양도로 발생하는 소득이 환율변동으로 인하여 외화차입금으로부터 발생하는 환차익을 포함하고 있는 경우에는 해당 환차익을 양도소득의 범위에서 제외한다.
③ 甲의 국외주택 양도에 대해서는 해당 과세기간의 양도소득금액에서 연 250만원을 공제한다.
④ 甲은 국외주택을 3년 이상 보유하였음에도 불구하고 장기보유특별공제액은 공제하지 아니한다.
⑤ 甲은 국외주택의 양도에 대하여 양도소득세의 납세의무가 있다.

톺아보기

甲의 국외주택에 대한 양도차익은 양도가액에서 취득가액과 자본적 지출액 및 양도비를 차감하여 계산한다.

정답 | 38 ③ 39 ①

40 상중하

「소득세법」상 국외자산의 양도에 대한 양도소득세 과세에 있어서 국내자산의 양도에 대한 양도소득세 규정 중 준용하지 않는 것은? 제27회

① 비과세 양도소득
② 양도소득과세표준의 계산
③ 기준시가의 산정
④ 양도소득의 부당행위계산
⑤ 양도 또는 취득의 시기

톺아보기

기준시가의 산정에 관한 규정은 준용하지 않는다.

더 알아보기

국외자산 양도시 국내자산 양도의 준용 규정

준용사항	준용하지 않는 사항
• 비과세 양도소득, 양도소득세 감면 • 양도소득과세표준 예정신고 · 확정신고 • 양도소득의 부당행위계산 부인 • 양도소득의 분할납부 • 취득 및 양도시기 • 양도소득과세표준의 계산(단, 장기보유특별공제는 제외)	• 미등기 양도자산에 대한 비과세의 배제 • 배우자 및 직계존비속간 수증자산의 이월과세 • 결손금 통산의 배제 • 양도의 정의 • 단기보유자산에 대한 70%, 60%, 50%, 40% 세율 적용 • 필요경비개산공제액 • 기준시가의 산정

41 소득세법령상 거주자가 2025년에 양도한 국외자산의 양도소득세에 관한 설명으로 틀린 것은? (단, 거주자는 해당 국외자산 양도일까지 계속 5년 이상 국내에 주소를 두고 있으며, 국외 외화차입에 의한 취득은 없음) 제35회 수정

① 국외자산의 양도에 대한 양도소득이 있는 거주자는 양도소득기본공제는 적용받을 수 있으나 장기보유특별공제는 적용받을 수 없다.
② 국외 부동산을 양도하여 발생한 양도차손은 동일한 과세기간에 국내 부동산을 양도하여 발생한 양도소득금액에서 통산할 수 있다.
③ 국외 양도자산이 부동산임차권인 경우 등기여부와 관계없이 양도소득세가 과세된다.
④ 국외자산의 양도가액은 그 자산의 양도 당시의 실지거래가액으로 한다. 다만, 양도 당시의 실지거래가액을 확인할 수 없는 경우에는 양도자산이 소재하는 국가의 양도 당시 현황을 반영한 시가에 따르되, 시가를 산정하기 어려울 때에는 그 자산의 종류, 규모, 거래상황 등을 고려하여 대통령령으로 정하는 방법에 따른다.
⑤ 국외 양도자산이 양도 당시 거주자가 소유한 유일한 주택으로서 보유기간이 2년 이상인 경우에도 1세대 1주택 비과세 규정을 적용받을 수 없다.

톺아보기

국외 자산 양도시에는 결손금 통산에 관한 규정은 준용되지 않으므로, 국외 부동산을 양도하여 발생한 양도차손은 동일한 과세기간에 국내 부동산을 양도하여 발생한 양도소득금액에서 통산할 수 없다.

정답 | 40 ③ 41 ②

제3장 양도소득세

land.Hackers.com

빈출지문 노트

부록 빈출지문 노트

제1편 조세총론

01 납세의무는 납부·충당되었을 때, 부과권이 취소되었을 때, 지방세징수권의 소멸시효가 완성되었을 때, 지방세 부과의 제척기간이 만료되었을 때 소멸한다. 다만, 납세의무자의 사망, 법인의 합병, 부과의 철회 등은 납세의무 소멸사유가 아니다.

02 소득세 납세의무는 납세의무자의 신고에 의해 확정된다.

03 그 재산에 부과된 조세는 법정기일 전에 설정된 저당권 등에 의한 피담보채권에 우선하여 징수하며, 그 재산에 부과된 조세로는 재산세, 소방분 지역자원시설세, 자동차세, 지방교육세(재산세와 자동차세의 부가세), 종합부동산세, 상속세 및 증여세가 있다.

04 재산의 매각대금 배분시 당해 재산에 부과된 재산세는 당해 재산에 설정된 저당권에 따라 담보된 채권보다 우선한다.

제2편 지방세

01 건축물 중 조작설비로서 그 주체구조부와 하나가 되어 건축물로서의 효용가치를 이루고 있는 것에 대하여는 주체구조부 취득자 외의 자가 가설한 경우에도 주체구조부의 취득자가 함께 취득한 것으로 본다.

02 토지의 지목을 사실상 변경함으로써 그 가액이 증가한 경우에는 취득으로 본다.

03 권리의 이전이나 행사에 등기 또는 등록이 필요한 부동산을 직계존속과 서로 교환한 경우에는 유상으로 취득한 것으로 본다.

04 증여로 인한 승계 취득의 경우 해당 취득물건을 등기·등록하지 아니하고 취득일부터 취득일이 속하는 달의 말일부터 3개월 이내에 공증받은 공정증서에 의하여 계약이 해제된 사실이 입증되는 경우에는 취득한 것으로 보지 아니한다. 그러므로 등기·등록한 경우에는 취득한 것으로 본다.

05 연부로 취득하는 것(취득가액의 총액이 50만원 이하인 것은 제외)은 그 사실상의 연부금 지급일을 취득일로 본다. 단, 취득일 전에 등기 또는 등록한 경우에는 그 등기일 또는 등록일에 취득한 것으로 본다.

06 취득세의 과세표준은 취득 당시의 가액으로 한다. 다만, 연부로 취득하는 경우의 과세표준은 매회 사실상 지급되는 금액을 말하여, 취득금액에 포함되는 계약보증금을 포함한다.

07 취득세 과세물건을 취득한 후에 그 과세물건이 중과세율의 적용대상이 되었을 때에는 중과세대상이 된 날부터 60일 이내에 중과세율을 적용하여 산출한 세액에서 이미 납부한 세액(가산세 제외)을 공제한 금액을 신고하고 납부하여야 한다.

08 상속으로 취득세 과세물건을 취득한 자는 상속개시일이 속하는 달의 말일로부터 6개월(상속인 가운데 외국에 주소를 둔 자가 있는 경우에는 9개월) 이내에 산출한 세액을 신고하고 납부하여야 한다.

09 지방자치단체에 기부채납을 조건으로 부동산을 취득하는 경우라도 그 반대급부로 기부채납 대상물의 무상사용권을 제공받는 때에는 그 해당 부분에 대해서는 취득세를 부과한다.

10 상속(피상속인이 상속인에게 한 유증 및 포괄유증과 신탁재산의 상속 포함)으로 인하여 취득하는 경우에는 상속인 각자가 상속받는 취득물건(지분을 취득하는 경우에는 그 지분에 해당하는 취득물건을 말함)을 취득한 것으로 본다.

11 토지지목변경 등 간주취득의 경우에는 취득세 중가산세(산출세액에 100분의 80을 가산한 금액) 규정을 적용하지 아니한다.

12 공사현장사무소 등 임시건축물의 취득에 대하여는 그 존속기간이 1년 이내인 경우에는 취득세를 비과세하지만, 존속기간이 1년을 초과하는 경우에는 중과기준세율을 적용하여 과세한다.

13 지방자치단체의 장은 채권자대위자의 부동산의 등기에 대한 등록면허세 신고납부가 있는 경우 납세의무자에게 그 사실을 즉시 통보하여야 한다.

14 부동산등기에 대한 등록면허세의 납세지는 부동산 소재지로 하며, 납세지가 분명하지 아니한 경우에는 등록관청 소재지로 한다.

15 등기·등록관서의 장은 등기 또는 등록 후에 등록면허세가 납부되지 아니하였거나 납부부족액을 발견한 경우에는 다음 달 10일까지 납세지를 관할하는 시장·군수·구청장에게 통보하여야 한다.

16 「신탁법」 제2조에 따른 수탁자의 명의로 등기 또는 등록된 신탁재산의 경우에는 위탁자가 재산세 납세의무자이다.

17 주택에 대한 재산세는 주택별로 표준세율을 적용한다.

18 주택에 대한 토지와 건물의 소유자가 다를 경우 해당 주택의 토지와 건물의 가액을 합산한 과세표준에 주택의 세율을 적용한다.

19 재산세 및 종합부동산세의 과세기준일은 매년 6월 1일이다.

20 지방자치단체의 장은 재산세의 납부세액(재산세 도시지역분 포함)이 1,000만원을 초과하는 경우에는 납세의무자의 신청을 받아 해당 지방자치단체의 관할 구역에 있는 부동산에 대하여만 대통령령으로 정하는 바에 따라 물납을 허가할 수 있다.

21 지방자치단체의 장은 재산세의 납부세액이 250만원을 초과하는 경우 법령에 따라 납부할 세액의 일부를 납부기한이 지난 날부터 3개월 이내에 분납하게 할 수 있다.

22 국가 또는 지방자치단체가 1년 이상 공용 또는 공공용으로 사용하는 재산에 대하여는 유료로 사용하거나 소유권의 유상이전을 약정한 경우로서 그 재산을 취득하기 전에 미리 사용하는 경우 재산세를 부과한다.

23 재산세 물납신청을 받은 시장·군수·구청장이 물납을 허가하는 경우 물납을 허가하는 부동산의 가액은 과세기준일 현재의 시가로 한다.

제3편 국세

01 종합부동산세 과세표준 합산의 대상에 포함되지 않는 주택을 보유한 납세의무자는 해당 연도 9월 16일부터 9월 30일까지 납세지 관할 세무서장에게 해당 주택의 보유현황을 신고하여야 한다.

02 주택분 종합부동산세 납세의무자가 1세대 1주택자에 해당하는 경우의 주택분 종합부동산세액 계산시 연령에 따른 세액공제와 보유기간에 따른 세액공제는 공제율 합계 100분의 80의 범위에서 중복하여 적용할 수 있다.

03 관할 세무서장은 종합부동산세로 납부하여야 할 세액이 400만원인 경우 최대 150만원의 세액을 납부기한이 경과한 날부터 6개월 이내에 분납하게 할 수 있다.

04 과세기준일 현재 세대원 중 1인과 그 배우자만이 공동으로 1주택을 소유하고 해당 세대원 및 다른 세대원이 다른 주택을 소유하지 아니한 경우 신청하는 경우에만 공동명의 1주택자를 해당 1주택에 대한 종합부동산세 납세의무자로 한다.

05 1세대 1주택자는 주택의 공시가격을 합산한 금액에서 12억원을 공제한 금액에 공정시장가액비율(60%)을 곱한 금액을 종합부동산세 과세표준으로 한다.

06 재산세 과세대상 중 분리과세대상 토지는 종합부동산세 과세대상이 아니다.

07 종합부동산세의 분납은 허용된다.

08 별도합산과세대상인 토지의 재산세로 부과된 세액이 세 부담 상한을 적용받는 경우 그 상한을 적용받은 세액을 별도합산과세대상 토지분 종합부동산세액에서 공제한다.

09 「공익사업을 위한 토지 등의 취득 및 보상에 관한 법률」에 따른 공익사업과 관련하여 지역권을 대여함으로써 발생하는 소득은 기타소득으로 한다.

10 공익사업과 무관한 지상권의 대여로 인한 소득은 부동산임대업에서 발생한 소득에 포함한다.

11 무상이전에 따라 자산의 소유권이 변경된 경우에는 양도소득세 과세대상이 되지 아니한다.

12 사업용 건물과 함께 양도하는 영업권은 양도소득세 과세대상이다.

13 양도담보목적으로의 이전은 양도에 해당하지 않지만, 양도담보계약을 체결한 후 채무불이행으로 인하여 당해 자산을 변제에 충당한 경우에는 「소득세법」상 양도에 해당한다.

14 이혼시 위자료로 양도소득세 과세대상의 소유권을 이전하는 경우에는 양도에 해당한다. 한편, 재산분할로 이전하는 경우에는 「소득세법」상 양도에 해당하지 않는다.

15 「도시개발법」에 따라 교부받은 토지의 면적이 환지처분에 의한 권리면적보다 증가 또는 감소된 경우 양도소득세 과세대상 자산의 취득시기 또는 양도시기는 환지처분의 공고가 있은 날의 다음 날이다.

16 양도소득세에서 1세대 1주택 비과세가 배제되는 '고가주택'이란 주택 및 이에 딸린 토지의 양도 당시의 실지거래가액 합계액이 12억원을 초과하는 주택을 말한다.

17 양도차익을 계산하는 경우에 취득 당시 실지거래가액을 확인할 수 없는 경우에는 매매사례가액, 감정가액, 환산취득가액 또는 기준시가를 순차로 적용하여 산정한다.

18 양도가액을 기준시가에 따를 때에는 취득가액도 기준시가에 따른다.

19 양도소득은 분류과세하므로 양도소득에 대한 과세표준은 종합소득 및 퇴직소득에 대한 과세표준과 구분하여 계산한다.

20 양도소득금액을 계산할 때 부동산을 취득할 수 있는 권리에서 발생한 양도차손은 토지에서 발생한 양도소득금액에서 공제할 수 있다.

21 특수관계인간의 거래가 아닌 경우로서 취득가액인 실지거래가액을 인정 또는 확인할 수 없어 그 가액을 추계결정 또는 경정하는 경우에는 '매매사례가액 ⇨ 감정가액 ⇨ 환산취득가액 ⇨ 기준시가'의 순서에 따라 적용한 가액에 의한다.

22 같은 해에 여러 개의 자산(모두 등기됨)을 양도한 경우 양도소득기본공제는 해당 과세기간에 먼저 양도한 자산의 양도소득금액에서부터 순서대로 공제한다. 단, 감면소득금액은 없다.

23 「소득세법」 제104조 제3항에 따른 미등기 양도자산에 대하여는 장기보유특별공제를 적용하지 아니한다.

24 이월과세를 적용하는 경우 거주자가 배우자로부터 증여받은 자산에 대하여 납부한 증여세를 필요경비에 산입한다.

25 거주자가 양도일부터 소급하여 10년 이내에 그 배우자(양도 당시 사망으로 혼인관계가 소멸된 경우 제외)로부터 증여받은 토지를 양도할 경우에 이월과세를 적용한다.

26 건설업자가 「도시개발법」에 따라 공사용역 대가로 취득한 체비지를 토지구획환지처분공고 전에 양도하는 토지는 등기의제하므로 미등기 양도자산에 해당하지 않는다.

27 건물을 신축하고 그 취득일부터 5년 이내에 양도하는 경우로서 감정가액을 취득가액으로 하는 경우에는 그 감정가액의 100분의 5에 해당하는 금액을 양도소득 결정세액에 가산한다.

28 토지 또는 건물을 양도한 경우에는 그 양도일이 속하는 달의 말일부터 2개월 이내에 양도소득과세표준을 신고해야 한다.

29 양도차익이 없거나 양도차손이 발생한 경우에도 양도소득과세표준 예정신고의무가 있다.

30 양도소득과세표준 예정신고 또는 확정신고시에 납부할 세액이 1,000만원을 초과하는 경우에는 그 납부할 세액의 일부를 분할납부할 수 있다.

31 법령에 따른 부담부증여의 채무액에 해당하는 부분으로서 양도로 보는 경우 그 양도일이 속하는 달의 말일부터 3개월 이내에 양도소득과세표준을 납세지 관할 세무서장에게 신고하여야 한다.

32 당해 연도에 누진세율의 적용대상 자산에 대한 예정신고를 2회 이상 한 자가 법령에 따라 이미 신고한 양도소득금액과 합산하여 신고하지 아니한 경우에는 양도소득과세표준의 확정신고를 하여야 한다.

33 토지를 매매하는 거래당사자가 매매계약서의 거래가액을 실지거래가액과 다르게 적은 경우에는 해당 자산에 대하여 「소득세법」에 따른 양도소득세의 비과세에 관한 규정을 적용할 때, 비과세 받을 세액에서 '비과세에 관한 규정을 적용하지 아니하였을 경우의 양도소득 산출세액'과 '매매계약서의 거래가액과 실지거래가액과의 차액' 중 적은 금액을 뺀다.

34 양도소득세 과세대상 건물을 양도한 거주자는 부담부증여의 채무액을 양도로 보는 경우 양도일이 속하는 달의 말일로부터 3개월 이내에 예정신고하여야 한다.

35 국외토지의 양도에 대한 양도소득세를 계산하는 경우에는 장기보유특별공제액은 공제하지 아니한다.

Memo

저자 약력

강성규 교수

현 | 해커스 공인중개사학원 부동산세법 대표강사
해커스 공인중개사 부동산세법 동영상강의 대표강사
세종사이버대학교 겸임교수

전 | 랜드프로 부동산세법 강사 역임
공인단기 부동산세법 강사 역임
새롬에듀 부동산세법 강사 역임
서울시 공무원교육원 강사 역임
EBS 전국모의고사 출제위원 역임
EBS PLUS2 방송 강의

저서 | 알기 쉬운 부동산세법 실무, 새롬에듀, 2012
공인중개사 부동산세법 로드맵, 새롬에듀, 2016
부동산세법(문제집), 에스티유니타스, 2017
부동산세법(기본서), 랜드프로, 2018
부동산세법(기본서·핵심요약집·문제집), 배움, 2018
부동산세법 112 공인중개사 합격노트, 에스티유니타스, 2018
부동산세법(기본서), 해커스패스, 2019~2025
부동산세법(한손노트), 해커스패스, 2023~2025
부동산세법(핵심요약집), 해커스패스, 2024~2025
부동산세법(출제예상문제집), 해커스패스, 2019~2024
공인중개사 2차(기초입문서), 해커스패스, 2019~2025
공인중개사 2차(핵심요약집), 해커스패스, 2019~2023
공인중개사 2차(단원별 기출문제집), 해커스패스, 2020~2024
공인중개사 2차(회차별 기출문제집), 해커스패스, 2022~2024
공인중개사 2차(실전모의고사), 해커스패스, 2021~2024

해커스 공인중개사 단원별 기출문제집

2차 부동산세법

초판 1쇄 발행	2025년 2월 7일
지은이	강성규, 해커스 공인중개사시험 연구소 공편저
펴낸곳	해커스패스
펴낸이	해커스 공인중개사 출판팀
주소	서울시 강남구 강남대로 428 해커스 공인중개사
고객센터	1588-2332
교재 관련 문의	land@pass.com
	해커스 공인중개사 사이트(land.Hackers.com) 1:1 무료상담
	카카오톡 플러스 친구 [해커스 공인중개사]
학원 강의 및 동영상강의	land.Hackers.com
ISBN	979-11-7244-801-1 (13360)
Serial Number	01-01-01

저작권자 © 2025, 강성규
이 책의 모든 내용, 이미지, 디자인, 편집 형태는 저작권법에 의해 보호받고 있습니다.
서면에 의한 저자와 출판사의 허락 없이 내용의 일부 혹은 전부를 인용, 발췌하거나, 복제, 배포할 수 없습니다.

공인중개사 시험 전문,
해커스 공인중개사 land.Hackers.com

해커스 공인중개사

- 해커스 공인중개사학원 및 동영상강의
- 해커스 공인중개사 온라인 전국 실전모의고사
- 해커스 공인중개사 무료 학습자료 및 필수 합격정보 제공

해커스 공인중개사

공인중개사 1위 해커스
한경비즈니스 2024 한국브랜드만족지수 교육(온·오프라인 공인중개사 학원) 1위

해커스 공인중개사
100% 환급 평생수강반

합격 시 수강료 100% 환급!

*교재비, 제세공과금 22% 본인 부담 *이용 안내 필수 확인 *2026년까지 합격 시 환급

합격할 때까지 평생
무제한 수강

* 응시확인서 제출 시

전과목 최신교재
20권 제공

200만원 상당
최신 유료특강 제공

200만원 상당
유료특강

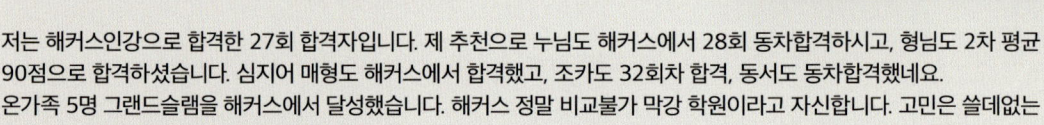

동생 / 누나 / 형 / 남편 / 아들

온가족 5명 해커스로 줄줄이 합격!

저는 해커스인강으로 합격한 27회 합격자입니다. 제 추천으로 누님도 해커스에서 28회 동차합격하시고, 형님도 2차 평균 90점으로 합격하셨습니다. 심지어 매형도 해커스에서 합격했고, 조카도 32회차 합격, 동서도 동차합격했네요. 온가족 5명 그랜드슬램을 해커스에서 달성했습니다. 해커스 정말 비교불가 막강 학원이라고 자신합니다. 고민은 쓸데없는 시간이고 빠른 결정이 합격의 지름길입니다.

해커스 합격생 정*진 님 후기

지금 등록 시
최대할인 쿠폰지급

지금 바로
수강신청 ▶

* 상품 구성 및 혜택은 추후 변동 가능성이 있습니다. 상품에 대한 자세한 정보는 이벤트페이지에서 확인하실 수 있습니다. * 상품페이지 내 유의사항 필수 확인

1588-2332   land.Hackers.com

누구나 꿈을 이룰 수 있는 곳 교육그룹 1위 해커스

공무원

9급·7급 공무원 1위
해커스공무원
gosi.Hackers.com

PSAT 1위
해커스PSAT
psat.Hackers.com

경찰공무원 1위
해커스경찰
police.Hackers.com

소방공무원 1위
해커스소방
fire.Hackers.com

군무원 1위
해커스군무원
army.Hackers.com

전문직 자격시험

회계사·세무사·경영지도사 전문교육
해커스 경영아카데미
cpa.Hackers.com

변호사·공인노무사 자격 전문교육
해커스 법아카데미
law.Hackers.com

감정평가사 전문 교육
해커스 감정평가사
ca.Hackers.com

행정사 단기합격
해커스행정사
adm.Hackers.com

전문대학원·편입

온·오프라인 편입 교육 1위
해커스편입
HackersUT.com

로스쿨 교육 1위
해커스로스쿨
lawschool.Hackers.com

교원임용

교원임용 교육 1위
해커스임용
teacher.Hackers.com

어학

외국어학원 1위
해커스어학원
Hackers.ac

토익·토플·스피킹·제2외국어 온라인 교육
해커스인강
HackersIngang.com

중국어인강 1위
해커스중국어
china.Hackers.com

일본어 교육 1위
해커스일본어
japan.Hackers.com

해커스어학원 최신 현강 100% 생중계
해커스라이브
hackerslive.co.kr

기초영어회화

영어회화인강 1위
해커스톡
talk.Hackers.com

유학

소비자 평가 NO.1 브랜드
해커스 유학컨설팅
HackersUhak.com

온라인 SAT 교육
해커스 프렙
prep.Hackers.com

SAT 교육 1위
해커스 SAT·AP
sat.Hackers.ac

자격증·학위

공인중개사 교육 1위
해커스 공인중개사
land.Hackers.com

주택관리사 교육 1위
해커스 주택관리사
house.Hackers.com

금융·무역·경제·세무·회계 자격증 전문
해커스금융
fn.Hackers.com

자격증 교육 1위
해커스자격증
pass.Hackers.com

한능검 1위
해커스한국사
history.Hackers.com

검정고시 전문 교육기관
해커스 검정고시
gumjung.edu2080.co.kr

학점은행제 수강생 수 1위
해커스 원격평생교육원
paranhanul.net

학점은행제 평생교육 전문 교육기관
위더스 원격평생교육원
edu2080.co.kr

독학사 교육 1위
해커스독학사
haksa2080.com

사회복지사 교육 1위
해커스 사회복지사
sabok.edu2080.co.kr

중·고등영어

중·고등영어 온라인 전문 교육
해커스 영스타 중·고등
star.Hackers.com

중·고등 영어 전문 참고서
해커스북
HackersBook.com

취업

대기업·공기업·금융권 취업 전문 교육
해커스잡
ejob.Hackers.com

취업 컨설팅 & 필기시험 대비 교육
해커스 취업아카데미
job.Hackers.com

기업교육

기업교육 1위
해커스HRD
HackersHRD.com

교재

베스트셀러 교재 개발 연구기관
해커스어학연구소

온라인 커뮤니티

대한민국 1위 영어사이트
해커스영어
Hackers.co.kr

방문자 수 1위 유학 커뮤니티
고우해커스
goHackers.com

나를 위한 스마트 클래스
해커스 ONE

1위 해커스 직영학원

어학원
강남역캠퍼스 02-566-0001
종로캠퍼스 02-502-2000
대구 동성로캠퍼스 053-956-9000

유학컨설팅
강남역캠퍼스 02-554-5800

공무원 학원
노량진캠퍼스 02-599-0500

군무원 학원
노량진캠퍼스 02-599-1000

경찰·경찰간부 학원
경찰 노량진캠퍼스 02-823-8806
경찰 대구 동성로캠퍼스 053-256-5000
경찰간부 신림캠퍼스 02-533-5555

소방 학원
노량진캠퍼스 02-596-1119

변호사·노무사 학원
변호사 신림캠퍼스 02-595-7000
노무사 신림캠퍼스 02-533-5555

로스쿨 학원
강남역캠퍼스 02-596-5000

임용 학원
노량진캠퍼스 02-566-6860

공인중개사 학원
강남본원 02-597-9000
종로학원 02-548-3333
수원학원 031-245-7777

주택관리사 학원
강남본원 02-597-9000

감정평가사 학원
강남본원 02-597-9000

취업 학원
강남역캠퍼스 02-566-0028

편입학원
종로본원 02-735-1881
강남역캠퍼스 02-522-1881

회계사·세무사 학원
강남역캠퍼스 02-599-3011

[해커스어학원] 한경비즈니스 2024 한국브랜드만족지수 교육(온·오프라인 어학원) 1위 [해커스중국어] 주간동아 선정 2019 한국 브랜드 만족지수 교육(중국어인강) 부문 1위 [해커스일본어] 한경비즈니스 선정 2020 한국브랜드선호도 교육(온·오프라인 일본어) 1위 [해커스유학컨설팅] 중앙SUNDAY선정 2017소비자평가 No.1 브랜드 유학부문 1위 [해커스 SAT] 한경비즈니스 선정 2020 한국품질만족도 교육(온·오프라인 SAT) 부문 1위 [해커스공무원] 한경비즈니스 2024 한국품질만족도 교육(온·오프라인 공무원학원) 1위 [해커스경찰] 한경비즈니스 2024 한국품질만족도 교육(온·오프라인 경찰학원) 1위 [해커스소방] 한경비즈니스 2024 한국품질만족도 교육(온·오프라인 소방학원) 1위 [해커스군무원] 한경비즈니스 2024 한국품질만족도 교육(온·오프라인 군무원학원) 1위 [해커스편입] 한경비즈니스 2024 한국품질만족도 교육(온·오프라인 편입 학원) 1위 [해커스 공인중개사] 한경비즈니스 2024 한국브랜드만족지수 교육(온·오프라인 공인중개사 학원) 1위 [해커스 주택관리사] 한경비즈니스선정 2020 한국브랜드선호도 교육(온·오프라인 주택관리사) 부문 1위 [해커스한국사] 주간동아 선정 2022 올해의교육브랜드파워 온·오프라인 한국사능력검정시험 부문 1위 [해커스자격증] 주간동아 선정 2022 올해의 교육브랜드파워 온·오프라인 자격증 부문 1위 [해커스 원격평생교육원] 2020년 하반기~2023년 하반기 학점은행제 정보공시 전체 학습자수 기준 (출처 : 국가평생교육진흥원) [해커스독학사] 한경비즈니스 선정 2020 한국품질만족도 독학사 1위 [해커스톡] 2018 헤럴드미디어 선정 대학생이 선정한 영어회화 인강 1위 [해커스임용] 2021 대한민국 NO.1 대상 교원임용 교육(온·오프라인 교원임용) 부문 1위 (한국미디어마케팅그룹) [해커스영어] 2016 고객만족브랜드 대상 대한민국 만족도 1위 영어사이트부문 수상 (한국마케팅포럼 주관) [고우해커스] 랭키닷컴 유학/어학연수 분야 기준 방문자수 1위, 2021년 1월 3,4주 발표 랭키순위 기준 [해커스HRD] 한경비즈니스 주최 2022 한국브랜드선호도 교육(기업교육) 부문 1위 [해커스] 한경비즈니스 선정 2019 한국 브랜드선호도 교육(교육그룹) 부문 1위 [해커스로스쿨] 주간동아 2023 한국브랜드만족지수 교육(온·오프라인 로스쿨) 1위 [해커스변호사] 주간동아 2023 한국브랜드만족지수 교육(온·오프라인 변호사) 1위 [해커스 사회복지사] 한경비즈니스 2024 한국품질만족도 교육(온·오프라인 사회복지사) 1위 [해커스PSAT] 한경비즈니스 2024 한국품질만족도 교육(온·오프라인 PSAT학원) 1위

해커스 공인중개사
단원별 기출문제집

2차 부동산세법

합격으로 가는 확실한 선택, 해커스 공인중개사 교재 시리즈

만화입문서

기초입문서 시리즈

기본서 시리즈

핵심요약집 시리즈

단원별 기출문제집 시리즈

회차별 기출문제집 시리즈

출제예상문제집 시리즈

실전모의고사 시리즈

한손노트 시리즈

공법체계도

계산문제집

정가 **17,000**원

ISBN 979-11-7244-801-1

해커스 공인중개사